Eurus

Notus

原　武史
Takeshi Hara

平成の終焉

――退位と天皇・皇后

Boreas

Zephyrus

岩波新書
1763

目　次

序論　天皇明仁の退位 …… 1
第1章　「おことば」を読み解く——現在編 …… 11
1　「おことば」の背景　12
2　「おことば」の分析　23
3　「おことば」の問題点　49
第2章　「平成」の胚胎——過去編1 …… 69
1　行啓の概要　70
2　人々から遠ざかる——行幸啓との共通点　86
3　人々に近づく——行幸啓との相違点　90
4　戦争に向き合う——広島・長崎・沖縄　118

第3章 「平成」の完成——過去編2 …… 127
1 昭和からの継続 128
2 右派からの反撃 136
3 行幸啓の実態 147
4 退位表明と東日本大震災 163
5 行幸啓の政治的意味 177
第4章 ポスト平成の行方——未来編 …… 191
あとがき 219
巻末表1 皇太子夫妻の主な国内行啓一覧
巻末表2 皇太子夫妻の昭和期の行啓
巻末表3 お立ち台一覧(一九六一—七七年)
巻末表4 主な懇談会一覧(一九六二—七七年)
巻末表5 天皇・皇后の平成期の行幸啓
巻末地図 昭和期の行啓と平成期の行幸啓

序論　天皇明仁の退位

退位の意向表明

平成という時代が終わろうとしています。

きっかけとなったのは、天皇明仁《あきひと》による退位の意向表明でした。二〇一六年七月一三日のNHKニュースで第一報が流され、八月八日の午後三時からは天皇自身がテレビに出演し、ビデオメッセージとして「象徴としてのお務めについての天皇陛下のおことば」(以下「おことば」)を一〇分あまりにわたって読み上げました。

日本国憲法の第一条は、「天皇は、日本国の象徴であり日本国民統合の象徴であつて、この地位は、主権の存する日本国民の総意に基く」とあるだけで、象徴についての具体的な定義はありません。天皇明仁は「おことば」のなかで、「象徴としてのお務め」について自ら定義づけを行い、「国民の安寧と幸せを祈ること」と「時として人々の傍らに立ち、その声に耳を傾け、思いに寄り添うこと」を、その二大柱として位置付けたのです(宮内庁ホームページ。http://www.kunaicho.go.jp/)。第1章で具体的に触れますが、前者は宮中祭祀、後者は行啓や行幸啓を意味しています(行啓や行幸啓が何を意味するかについては後述)。

けれども「おことば」は、決して「象徴としてのお務め」だけを述べたわけではありませんでした。なぜなら天皇明仁は、こう述べているからです。

> 天皇の高齢化に伴う対処の仕方が、国事行為や、その象徴としての行為を限りなく縮小していくことには、無理があろうと思われます。また、天皇が未成年であったり、重病などによりその機能を果たし得なくなった場合には、天皇の行為を代行する摂政を置くことも考えられます。しかし、この場合も、天皇が十分にその立場に求められる務めを果たせぬまま、生涯の終わりに至るまで天皇であり続けることに変わりはありません。(同)

天皇明仁は、天皇が高齢になり、象徴としての務めを果たすことが困難になった場合には在位したまま公務を縮小したり、摂政を置いたりするのではなく、退位するしかないという考え方を間接的に表明したのです。

　皇室典範の第四条には、「天皇が崩じたときは、皇嗣《こうし》が、直ちに即位する」とあります。この条文は、一八八九(明治二二)年に制定された旧皇室典範の第一〇条「天皇崩スルトキハ皇嗣即チ践祚《せんそ》シ祖宗ノ神器ヲ承《う》ク」を踏襲しています。天皇は終身在位でなければならず、死去しない限り皇嗣、すなわち跡継ぎへの皇位の継承はできないということです。皇太子だった嘉仁《よしひと》(後の大正天皇。一八七九〜一九二六)や裕仁《ひろひと》(後の昭和天皇。一九〇一〜一九八九)や明仁は、明治天皇(一八五二〜一九一二)や大正天皇や昭和天皇が死去することで初めて皇位を継承し、天皇になることができたわけです。

天皇明仁が退位の意向を表明したことは、明治以降、皇室典範で定められてきたこの原則を改め、江戸時代の光格天皇(一七七一〜一八四〇)以来途絶えてきた天皇の退位を復活させることを意味しました。しかし天皇自身が「おことば」のなかで「憲法の下、天皇は国政に関する権能を有しません」と述べているように、日本国憲法の第四条で天皇はいっさいの権力をもたないように規定されています。天皇の意向を政府が検討することなくすんなり認めてしまうと、政府が天皇に追従することになり、憲法にもろに抵触してしまいます。二〇一六年九月、政府のなかに「天皇の公務の負担軽減等に関する有識者会議」(座長・今井敬)が立ち上がり、退位の是非について議論が重ねられたゆえんです。

「特例法」の成立

有識者会議が目指すべき方向は、大きく分けて三つありました。

第一は、天皇の意向を踏まえ、皇室典範を改正して退位を恒久制度化する。第二は、皇室典範そのものは変えずに特例法を制定し、一代限りの例外として退位を認める。第三は、天皇の意向に反して退位を認めず、皇室典範も変えない。このうちのどれにするかを決定するため、政治学者の御厨貴を座長代理とする有識者会議は、政治的立場の異なる二〇人ほどの有識者を順番に一人ずつ呼び、意見を聞きました。

つまり有識者会議がさらに有識者を呼んだことになるわけですが、そのなかには第一の意見を述べた有識者もいれば、第二の意見を述べた有識者もいれば、第三の意見を述べた有識者もいました。政府とは別に、国会でも衆参両議院の正副議長のもとに各党の代表者が集まり、二〇一七年一月から全体会議を八回実施しました。その結果、三月には特例法で対応するのが望ましく、将来の天皇にも特例法を適用できるとする「議論のとりまとめ」が了承され、それに基づき政府から特例法案が提示されました。有識者会議で出た第一の意見に配慮しつつ、第二の意見が通ったということです。

これを受ける形で、二〇一七年六月には「天皇の退位等に関する皇室典範特例法」(以下「特例法」)が国会で成立し、公布されました。天皇の終身在位や男系男子による皇位継承を定めた旧皇室典範とのつながりが強く、右派が改正を望まない現在の皇室典範とは別に、皇室典範と一体になった「特例法」をつくることで、天皇明仁の退位を認めたのです。

同年一二月には、天皇明仁の弟である常陸宮正仁、華子夫妻、内閣総理大臣、衆参の正副議長、宮内庁長官、最高裁判所長官らが出席して皇室会議が開かれました。この会議では特例法に基づき、二〇一九年四月三〇日の天皇明仁、皇后美智子の退位と、翌五月一日の新天皇徳仁《なるひと》、新皇后雅子の即位および改元の日程が決まりました。唯一、赤松広隆・衆院副議長だけは「一八年一二月三一日退位」を求めたと言われていますが、議事の概要しか公開されていないので、正確にどういう意見を言ったのかはわかっていません。

「特例法」の第三条には「退位した天皇は、上皇とする」、第四条には「上皇の后は、上皇后とする」という規定があります。第三条は、幕末に光格上皇が死去して以来、ほぼ一八〇年ぶりに上皇という称号が復活することを意味しています。一方、第四条で規定された上皇后という称号は初めてつくられたものです。第四条に「上皇后に関しては、皇室典範に定める事項については、皇太后の例による」とあるように、上皇后は従来の皇太后に相当します。したがって上皇、上皇后ともに陛下と呼ばれるようになります。陛下が現在の二人(天皇、皇后)から四人(天皇、皇后、上皇、上皇后)に増えるわけです。

明仁の退位と徳仁の即位に伴い、皇太子はいなくなります。新天皇徳仁と新皇后雅子の間には皇位継承権をもつ男子(皇子)がいないためです。代わりに秋篠宮文仁《ふみひと》親王が「皇嗣」となり、新たに皇嗣職がつくられます。「特例法」の第五条に「第二条の規定による皇位の継承に伴い皇嗣となった皇族に関しては、皇室典範に定める事項については、皇太子の例による」とあるように、事実上の皇太子になるわけです。

天皇と皇后のほかに、上皇と上皇后、そして皇嗣と皇嗣妃という、明治から平成までにはなかった称号がつくられる——平成の終焉とともに皇室に大きな変化が起こることは、以上の説明からも明らかでしょう。

本書の構成

本書ではまず、平成の終焉のきっかけとなった二〇一六年八月八日の「おことば」を取り上げ、そこに込められた天皇明仁の思いについて、これまでの天皇の歴史を踏まえ、「おことば」の前例ともいえる一九四五（昭和二〇）年八月一五日にラジオで放送された「終戦の詔書」とも比較しつつ、丁寧に見てゆきます。同時に「おことば」が内包する問題点についても触れるつもりです。以上が「現在編」に当たります。

次に、天皇明仁、皇后美智子の結婚以来の六〇年間におよぶ歩みを、皇太子（妃）時代に当たる昭和期の三〇年間と、天皇、皇后時代に当たる平成期の三〇年間に分けて、振り返ってみたいと思います。昭和期の三〇年間を含めて取り上げるのは、「昭和」のなかに「平成」が胚胎しているからです。

ここで分析の対象となるのは、「おことば」で強調された「皇太子の時代も含め、これまで私が皇后と共に行って来たほぼ全国に及ぶ旅」です。明仁、美智子夫妻は、一九五九（昭和三四）年四月に結婚してから、一九八九年一月に天皇、皇后となり、二〇一九年四月に退位するまでの六〇年間、ほぼ一貫して二人で全国各地を訪ね歩き、「時として人々の傍らに立ち、その声に耳を傾け、思いに寄り添うこと」を続けてきました。皇太子(妃)時代にすでに全都道府県を一巡し、天皇、皇后時代に皇后が一回しか訪れることができなかった香川県を除いて二巡しています。香川県には皇太子(妃)時代に三回訪れていますから、どの都道府県にも少なくとも三回は二人で足を運んでいることになります。

「平成」の最大の特徴は、天皇と皇后が常に行動をともにすることにあります。天皇明仁は在位最後となる二〇一八年一二月二三日の誕生日に際して、「自らも国民の一人であった皇后が、私の人生の旅に加わり、六〇年という長い年月、皇室と国民の双方への献身を、真心を持って果たしてきたことを、心から労《ねぎら》いたく思います」(宮内庁ホームページ)と述べています。この「旅」はもちろん人生全般を指していますが、文字通り旅そのものを指していると見ることもできます。

皇室用語では、天皇が外出することを行幸、天皇、皇后が一緒に外出することを行幸啓、皇后や皇太后、皇太子、皇太子妃が外出することを行啓と言います。天皇明仁自身が「象徴としてのお務め」の重要な柱の一つとしたところの、皇太子時代の皇太子妃との行啓や、天皇時代の皇后との行幸啓の全体像を明らかにします。

主な手掛かりとなるのが、各都道府県のブロック紙を含む地方紙や地域紙です。全国紙にも地方版があるとはいえ、行啓や行幸啓について十分に報道していない場合が多いからです。これらの新聞に掲載されている写真や広告にも注意しながら、昭和期の行啓や平成期の行幸啓を分析します。

この分析を通して、明仁と美智子が常に寄り添う、もっと言えば明仁の一歩後ろにつき従うように見えながら、ミッチーブーム以来の明仁を上回る人気を背景に美智子が主導する「平成流」と呼ばれるスタイルがいかにして定着したのか、それによって大日本帝国憲法下とは異なる形でいかにして「国体」が確立されたのかが見えてくるはずです。以上が「過去編」に当たります。

最後に、「現在編」「過去編」の分析を踏まえて、新天皇徳仁が即位する一九年五月一日以降の皇室について、若干の展望を示したいと思います。「おことば」で天皇明仁は、自ら定義した「象徴天皇の務め」が常に途切れることなく、安定的に続いていくことをひとえに念じ」と述べています。宮中祭祀と行幸を中核とする「象徴としてのお務め」は、たとえ代替わりしても永久に不変であることを望むとしたわけです。

果たしてポスト平成の皇室は、この「おことば」通りになるでしょうか。もし「おことば」通りにならなければ、どのような皇室になると見られるでしょうか。「未来編」として、主にこうした点を考察するつもりです。

本書は私にとって、『昭和天皇』(二〇〇八年)、『「昭和天皇実録」を読む』(二〇一五年)に次ぐ岩波新書に当たります。

前二作同様、学術書ですので敬語はいっさい用いず、陛下や殿下といった敬称も用いません。明治天皇、大正天皇、昭和天皇や昭憲皇太后(一八四九~一九一四)、貞明皇后(一八八四~一九五一)、香淳皇后(一九〇三~二〇〇〇)は死後に贈られた諡号《しごう》としてそのまま用いますが、天皇明仁と皇后美智子にはまだ諡号がないので、皇太子(妃)時代を含めて明仁、美智子と名で呼ぶことにします(言うまでもなく「平成天皇」という諡号が与えられているわけではありません)。皇太子や秋篠宮などの皇族も徳仁や文仁などの名で呼びますが、必要に応じて浩宮、礼宮《あやのみや》などの称号と併用することにします。

行幸、行幸啓、行啓のほか、御用邸や御料車、御下賜金《ごかしきん》、お召し列車といった皇室用語はそのまま用いることにします。また退位と譲位の違いにこだわる見方もありますが(例えば椎谷哲夫『皇室入門』、幻冬舎新書、二〇一八年)、本書では「退位」に表記を統一します。年の表記は、旧暦が使われた明治五(一八七二)年までは人物の生没年を除いて元号優先、太陽暦に変わる一八七三(明治六)年以降は西暦優先とします。

第1章　「おことば」を読み解く——現在編

1 「おことば」の背景

「譲位は何度もあった」

天皇明仁は、「おことば」が発表される約二〇日前の二〇一六年七月、学友の明石元紹《もとつぐ》と電話でやりとりを交わしたとき、こう話していました。

今度の（退位の）話については、僕は随分前から考えていた。天皇の在り方は歴史上いろいろな時代があった。特に明治以前の天皇については途中で譲位をしたり、いろんな形でいらした天皇はたくさんいる。それが、いろんな結果を生んだのは確かだ。けれど、譲位は何度もあったことで、僕が今、そういうことを言ったとしても、何もびっくりする話ではない。（『京都新聞』二〇一六年一二月一日）

序章で明治以降、天皇の退位はなかったことを述べました。しかし天皇明仁は、「明治以前の天皇については途中で譲位をしたり、いろんな形でいらした天皇はたくさんいる」と発言しています。退位の意向を表明した「おことば」の背景に、「譲位は何度もあった」明治以前の天皇の歴史があったことがわかります。

具体的に見てみましょう。

宮内庁ホームページにある「天皇系図」や「歴代天皇陵一覧」を見ると、初代神武から一二四代昭和まで、歴代天皇にすべて番号が振ってあります。天皇明仁は一二五代ということになります。ただし北朝の五人の天皇はカウントされていません。

九八代の長慶天皇(一三四三～一三九四)の実在が確認されたことで、すべての代数が確定したのは大正最後の年に当たる一九二六(大正一五)年でした。宮内庁はいまもそれに従っています。しかし今日の学界では、二六代の継体以前の天皇、正確に言えば大王《おおきみ》は、古代中国の歴史書に登場する倭の五王のうちの武に比定される雄略を除いてはっきりせず、多くはフィクションの可能性が高いとされています。ここでは便宜上、実在しないと見られる天皇も含めて二六年に確定した代数を用いることにします。

『日本書紀』によると、初代神武から三四代舒明《じょめい》までは全員が終身在位です。けれども三五代の皇極《こうぎょく》から一一九代の光格までは、半数以上に当たる五八人、南北朝時代の北朝を含めれば六三人が退位しています(三五代皇極と三七代斉明、四六代孝謙と四八代称徳は同一人物ですが、ここでは別々に数えています)。つまり天皇明仁が述べた通り、飛鳥時代(七世紀前半)から江戸時代(一九世紀前半)までは、退位が当たり前だったのです。

四一代の持統からは、退位すると太上天皇となります。上皇とは、この太上天皇の略称にほかなりません。奈良時代（八世紀後半）の孝謙から江戸時代（一八世紀前半）の霊元までの間には、北朝の天皇を含めて出家する上皇も三五人いました（『皇室制度史料　太上天皇三』、吉川弘文館、一九八〇年）。平安時代（九世紀後半）の宇多から江戸時代の霊元までは、出家すると法皇と呼ばれるようになります。

式年祭に際しての講義

それにしても、なぜ天皇明仁は「譲位は何度もあった」という認識をもつことができたのか。一九七七（昭和五二）年一二月一九日の会見で、皇太子明仁は学習院中等科、高等科時代に歴史学者の児玉幸多《こうた》（一九〇九～二〇〇七）から天皇の歴史につき学んだと述べています（薗部英一編『新天皇家の自画像　記者会見全記録』、文春文庫、一九八九年）。さらにさかのぼれば、学習院初等科時代にも鈴木弘一《こういち》（一九〇〇～一九八九）から天皇の歴史につき学んでいます（『読売新聞』二〇一八年一二月一七日）。

しかしそれ以上に重要なのが、歴代天皇の区切りのよい命日に行われる式年祭の直前に必ず設定される講義です。専門の学者を宮中に呼び、式年祭の対象となる天皇について学ぶのです。これは宮内庁のホームページに出ています。

ホームページによると、天皇明仁は即位して以降、宮内庁が歴代天皇に含めていない北朝の天皇（後円融、崇光）も含めて、以下のような天皇の講義を受けています。このうち、退位した天皇には傍線をつけてあります。

一九九〇年　七月二六日　成務
一九九一年　一月　五日　安寧
　　　　　　三月　五日　円融
一九九二年　四月二八日　後白河
　　　　　一二月　七日　崇峻
一九九三年　二月　二日　正親町
　　　　　　六月　七日　後円融
一九九四年　八月一七日　長慶
一九九六年一一月二九日　明正
一九九八年　二月　四日　崇光
　　　　　　九月　一日　仁賢
一九九九年　二月　三日　仁徳

二〇〇三年　一月一四日　持統
　　　　　　五月一六日　開化
二〇〇四年　八月一九日　後深草
二〇〇五年　四月二七日　履中
　　　　　　九月二六日　亀山
二〇〇六年　四月　五日　桓武
　　　　　一二月一一日　武烈
二〇〇七年　七月　二日　文武
　　　　　　八月一三日　堀河
二〇〇八年　三月一三日　花山
　　　　　　八月一八日　孝昭
　　　　　　九月一一日　後二条
二〇〇九年一二月二四日　東山
二〇一〇年　二月　八日　反正
　　　　　　二月一六日　孝安
　　　　　　三月一八日　応神

二〇一一年 七月二五日 一条
二〇一二年 一月一一日 冷泉
二〇一三年 一二月一三日 後桜町
二〇一五年 三月二九日 神武
二〇一七年 六月 七日 三条
九月一一日 後陽成
一〇月一〇日 伏見

初代神武から一二四代昭和まで一二二人、北朝を含めれば一二七人の天皇がいることになっているわけですから、ほぼ毎年のように歴代天皇の式年祭があることがわかります。そのたびに、専門の学者から詳しい講義を受けているのです。

二〇一八年二月二三日の誕生日を前に、皇太子徳仁は記者会見でこう述べています。

昨年は、三条天皇、伏見天皇、後陽成天皇の三方の歴代天皇が崩御されてから、それぞれ、一〇〇〇年、七〇〇年、四〇〇年という年に当たり、式年祭が行われた関係で、各天皇の御事蹟を伺う機会があったほか、秋に訪れた醍醐寺では、後奈良天皇を始め、多くの

宸翰《しんかん》を拝見することができました。（宮内庁ホームページ）

「各天皇の御事蹟を伺う機会があった」のは、皇太子だけではありません。天皇、皇后もそうです。天皇明仁は、皇太子時代を含めれば何十年にもわたって式年祭の直前に歴代天皇に関する講義を受け続けることで、多くの天皇が退位しているという史実をしっかりと把握するようになったのではないでしょうか。

明治以降の法制化

序章で触れたように、一八八九（明治二二）年に制定された旧皇室典範の第一〇条には、「天皇崩スルトキハ皇嗣即チ践祚シ祖宗ノ神器ヲ承ク」とあり、天皇の終身在位を正式に規定しました。実際には光格の次の仁孝から終身在位の天皇が続いていましたが、それを近代の法によって初めて規定したのが旧皇室典範でした。

井上毅（一八四四〜一八九五）が起草し、伊藤博文著の形をとる大日本帝国憲法と旧皇室典範の逐条解説書『帝国憲法皇室典範義解』（国家学会、一八八九年）には、旧皇室典範第一〇条につき、次のように解説されています。

神武天皇ヨリ舒明天皇ニ至ル迄三十四世嘗《かつ》テ譲位ノ事アラス譲位ノ例ノ皇極天皇ニ始マリシハ蓋《けだし》女帝仮摂ヨリ来ル者ナリ（中略）聖武天皇光仁天皇ニ至テ遂ニ定例ヲ為セリ此ヲ世変ノ一トス其ノ後権臣ノ強迫ニ因《よ》リ両統互立ヲ例トスルノ事アルニ至ル而シテ南北朝ノ乱亦《また》此ニ源因セリ本条ニ践祚ヲ以テ先帝崩御ノ後ニ即チ行ハル、者ト定メタルハ上代ノ恒典ニ因リ中古以来譲位ノ慣例ヲ改ムル者ナリ

神武天皇から舒明天皇までは譲位がなかった。女帝である皇極から譲位が始まったが、それはあくまで「仮摂」、つまり中継ぎの摂政だった。ところが聖武や光仁以降、男性も譲位することが「定例」となり、鎌倉時代には持明院統と大覚寺統が交互に皇位につく「両統互立」が常態となって南北朝の動乱を招いてしまった。譲位は本来の姿でないのだから、もう一度「上代ノ恒典」、つまり原点に戻って、七世紀の中古以来、譲位が行われるようになった慣例を改めるのだと述べています。

東アジアのなかで見ると、中国の歴代王朝をはじめ、中国の影響下にあった朝鮮王朝や琉球王国は、いずれも皇帝や国王が終身在位するのが原則でした。退位を繰り返す日本の天皇制は、むしろ例外でした。天皇の終身在位を定めたことは、終身在位が続いた三四代までの時代に戻すだけでなく、天皇が在位している間は元号を変えない一世一元の制とともに、中国にならっ

たと見ることもできます。

終身在位の規定は戦後も受け継がれました。皇室典範の第四条「天皇が崩じたときは、皇嗣が、直ちに即位する」がそれです。日本国憲法の第二条「皇位は、世襲のものであつて、国会の議決した皇室典範の定めるところにより、これを継承する」と皇室典範の第四条を根拠として、戦後の政府は天皇の退位は認められないと解釈してきました。

昭和天皇と退位問題

敗戦直後の昭和天皇は、退位すべきかどうか迷っていましたが、マッカーサーの意向で退位を封印されます。昭和天皇の退位問題については、すでに前掲『昭和天皇』『「昭和天皇実録」を読む』に記しています。ここでは、一九六〇年代から七〇年代にかけて昭和天皇が退位を否定した発言だけを見ておきたいと思います。

一九六七(昭和四二)年四月五日、侍従長の稲田周一(一九〇二～一九七三)に対して「占領期の退位問題について御回顧」になり、「御退位の意思がなかった理由」を挙げています(『昭和天皇実録』同日条)。六八年の四月二四日も再び稲田に、「御退位の意思がなかった理由」を挙げて、退位の意思をきっぱりと否定しました(『昭和天皇実録』同日条)。つまり、これだけを読むと、まるで昭和天皇は最初から退位などは考えたこともなかったかのように見えます。

一九七一年の訪欧中に退位の噂が流れますが、外国人記者の質問に対して「日本の憲法及び皇室典範においてその規定はないと思うので、そういうことはないと信じている」と答えています（『昭和天皇実録』七一年一〇月一六日条）。訪米を控えた一九七五年九月二二日にも、米国メディアの在京外国人記者から退位について聞かれますが、「憲法や他の法律が認めていないので考えたことがない」と繰り返し述べています（『昭和天皇実録』同日条）。

つまり一九六〇年代以降、政府も昭和天皇も、退位については現行の皇室典範や憲法を根拠に、繰り返し否定してきたわけです。天皇明仁は「おことば」を通して、こうした考え方をさらに否定したことになります。

「おことば」と勅語、詔書

一般に天皇のおことばというのは、明治から昭和初期までの勅語や詔書に相当します。これは、天皇が国民に向かって直接語りかけるものです。ただ、明治から昭和初期にかけては、天皇は基本的に公共の空間で多くの臣民に向かって語るべき言葉を持ち合わせておらず、勅語や詔書もめったに発せられないものでした。

そのなかには、帝国議会の開院式に際しての勅語のように毎年恒例のものもありますが、一回限りのものもあります。前掲『「昭和天皇実録」を読む』でも触れていますが、一回限りの場合には重い意味を持ちます。

一回限りの勅語や詔書で有名なものとしては、一八九〇(明治二三)年一〇月三〇日に発布された「教育勅語」があります。これは三一五字です。それから、一九四五(昭和二〇)年八月一四日に作成され、一五日にラジオで放送された、いわゆる「終戦の詔書」もこの例と言えるでしょう。これは本文で八〇二字、原盤で四分三〇秒になります。天皇が詔書を朗読し、ラジオを通して臣民に直接語りかけたのは、もちろんこれが初めてでした。

国会開会式では、帝国議会の開院式同様、天皇が毎回恒例のおことばを読み上げます。日本共産党は、この点を問題とし、開会式に欠席し続けてきましたが、二〇一六年一月の開会式から出席するようになりました。八月一五日にも天皇は、全国戦没者追悼式でおことばを述べます。これは、昭和天皇の時代に一九六三年から始まり、平成になっても受け継がれたものです。

恒例のおことばの場合でも、多少の変化が起こることがあります。

例えば阪神・淡路大震災発生直後に当たる一九九五(平成七)年一月二〇日の国会開会式では、「地震による被害は、きわめて甚大であり、その速やかな救済と復興は現下の急務であります」と述べたことがありました。また戦後七〇年にあたっての安倍談話が発表された翌日に当たる二〇一五年八月一五日の全国戦没者追悼式でのおことばでは、「積極的平和主義」を強調する安倍談話に対抗するかのように、今日の平和が「平和の存続を切望する国民の意識」によって支えられてきたという一節が加わりました。平成最後となった二〇一八年八月一五日の全国戦没者追悼式のおことばでは、「戦後の長きにわたる平和な歳月に思いを致しつつ」という新しい表現が盛り込まれました。前侍従長の川島裕によると、こうしたおことばは天皇明仁と皇后美智子が「様々なやり取り」をしつつ準備するようです（川島裕・保阪正康「両陛下最後の8月15日」、『文藝春秋』二〇一八年九月号所収）。

平成になってからの一回限りのおことばの例としては、東日本大震災が起こった五日後にあたる二〇一一年三月一六日にビデオメッセージとしてテレビで放送された「東北地方太平洋沖地震に関する天皇陛下のおことば」が有名です。これは五分五六秒でした。本章で取り上げる二〇一六年八月八日の「おことば」は一一分二秒もあり、今までで最も長いものです。

2 「おことば」の分析

「おことば」全文

ようやく、「象徴としてのお務めについての天皇陛下のおことば」を詳しく分析すべき段階に至りました。まずは全文を引用します。

（第一節）

戦後七〇年という大きな節目を過ぎ、二年後には、平成三〇年を迎えます。

私も八〇を越え、体力の面などから様々な制約を覚えることもあり、ここ数年、天皇としての自らの歩みを振り返るとともに、この先の自分の在り方や務めにつき、思いを致すようになりました。

本日は、社会の高齢化が進む中、天皇もまた高齢となった場合、どのような在り方が望ましいか、天皇という立場上、現行の皇室制度に具体的に触れることは控えながら、私が個人として、これまでに考えて来たことを話したいと思います。

（第二節）

即位以来、私は国事行為を行うと共に、日本国憲法下で象徴と位置づけられた天皇の望ましい在り方を、日々模索しつつ過ごして来ました。伝統の継承者として、これを守り続ける責任に深く思いを致し、更に日々新たになる日本と世界の中にあって、日本の皇室が、いかに伝統を現代に生かし、いきいきとして社会に内在し、人々の期待に応えていくかを考えつつ、今日に至っています。

（第三節）

そのような中、何年か前のことになりますが、二度の外科手術を受け、加えて高齢による体力の低下を覚えるようになった頃から、これから先、従来のように重い務めを果たすことが困難になった場合、どのように身を処していくことが、国にとり、国民にとり、また、私のあとを歩む皇族にとり良いことであるかにつき、考えるようになりました。既に八〇を越え、幸いに健康であるとは申せ、次第に進む身体の衰えを考慮する時、これまでのように、全身全霊をもって象徴の務めを果たしていくことが、難しくなるのではないかと案じています。

（第四節）

私が天皇の位についてから、ほぼ二八年、この間《かん》私は、我が国における多くの喜びの時、また悲しみの時を、人々と共に過ごして来ました。私はこれまで天皇の務めとして、何よりもまず国民の安寧と幸せを祈ることを大切に考えて来ましたが、同時に事にあたっては、時として人々の傍らに立ち、その声に耳を傾け、思いに寄り添うことも大切なことと考えて来ました。天皇が象徴であると共に、国民統合の象徴としての役割を果たすためには、天皇が国民に、天皇という象徴の立場への理解を求めると共に、天皇もまた、自らのありように深く心し、国民に対する理解を深め、常に国民と共にある自覚を自らの内に育てる必要を感じて来ました。こうした意味において、日本の各地、とりわけ遠隔の地や島々への旅も、私は天皇の象徴的行為として、大切なものと感じて来ました。皇太子の時代も含め、これまで私が皇后と共に行《おこな》って来たほぼ全国に及ぶ旅は、国内のどこにおいても、その地域を愛し、その共同体を地道に支える市井《しせい》の人々のあることを私に認識させ、私がこの認識をもって、天皇として大切な、国民を思い、国民のために祈るという務めを、人々への深い信頼と敬愛をもってなし得たことは、幸せなことでした。

(第五節)

天皇の高齢化に伴う対処の仕方が、国事行為や、その象徴としての行為を限りなく縮小していくことには、無理があろうと思われます。また、天皇が未成年であったり、重病などによりその機能を果たし得なくなった場合には、天皇の行為を代行する摂政を置くことも考えられます。しかし、この場合も、天皇が十分にその立場に求められる務めを果たせぬまま、生涯の終わりに至るまで天皇であり続けることに変わりはありません。

天皇が健康を損ない、深刻な状態に立ち至った場合、これまでにも見られたように、社会が停滞し、国民の暮らしにも様々な影響が及ぶことが懸念されます。更にこれまでの皇室のしきたりとして、天皇の終焉に当たっては、重い殯《もがり》の行事が連日ほぼ二ヶ月にわたって続き、その後喪儀《そうぎ》に関連する行事が、一年間続きます。その様々な行事と、新時代に関わる諸行事が同時に進行することから、行事に関わる人々、とりわけ残される家族は、非常に厳しい状況下に置かれざるを得ません。こうした事態を避けることは出来ないものだろうかとの思いが、胸に去来することもあります。

（第六節）

始めにも述べましたように、憲法の下《もと》、天皇は国政に関する権能を有しません。そうした中で、このたび我が国の長い天皇の歴史を改めて振り返りつつ、これからも皇室がどのような時にも国民と共にあり、相たずさえてこの国の未来を築いていけるよう、そして象徴天皇の務めが常に途切れることなく、安定的に続いていくことをひとえに念じ、ここに私の気持ちをお話しいたしました。

国民の理解を得られることを、切に願っています。

「おことば」の第一節

この「おことば」は、宮内庁ホームページに全文が公開されています。一行空きにした箇所もホームページに従ったものです。全部で六つの節に分かれていることがわかります。以下、第一節から第六節の順に分析を加えてゆくことにします。

第一節では、天皇自身が八〇歳を超えて「様々な制約」を覚えるようになったとしながら、決して天皇だけが高齢になったわけではなく、日本社会全体の高齢化が進んでいることが指摘されます。学友の明石元紹によれば、天皇明仁は明石と電話で話したさい、「この問題（退位）は僕の時の問題なだけではなくて、将来を含めて譲位が可能な制度にしてほしい」と語っていました（『京都新聞』二〇一六年一二月一日）。これからも社会の高齢化に合わせて天皇の高齢化が進むのだから、皇室典範を改正して退位を恒久制度化してほしいという天皇の思いが、ここから読み取れます。しかし先に見たように、結局このような天皇の思いが完全にかなえられることはありませんでした。

日本国憲法の第四条では、「天皇は、この憲法の定める国事に関する行為のみを行ひ、国政に関する権能を有しない」と定めています。「天皇という立場上、現行の皇室制度に具体的に触れることは控えながら」というのは、皇室典範の改正を促す退位の意向を直接的には表明しないことで、この第四条に抵触することを避けようとしていることを意味します。「私が個人として」というのも、公人ではないということです。しかしながら、いくら個人といっても、「おことば」がはらむ政治的なニュアンスを打ち消すことができるのかという問題は、依然として残ると思います。この点については、改めて触れるつもりです。

なお冒頭に「平成三〇年」という具体的な年に言及したことは、少なくともこの時点では二〇一八年を在位最後の年と天皇が考えていたことを示唆しています。

「おことば」の第二節と第三節

第二節では、「国事行為を行うと共に」の「と共に」にまず注目したいと思います。憲法の第四条には「天皇は、この憲法の定める国事に関する行為のみを行ひ」（傍点引用者）とあるにもかかわらず、天皇明仁が即位以来行ってきたのは憲法第七条に定められた一〇の「国事に関する行為」だけではないこと、それどころか、象徴天皇の務めの核心はこれらの国事行為にはないことが言明されているのです。

「更に日々新たになる日本と世界」というのは、一体何を指しているのでしょうか。ここで想起すべきは、二一世紀になってから、日本の皇室と親しいオランダ、ベルギー、スペインなどの王室で国王や女王が次々と退位したことです。

政治学者の水島治郎はこう述べています。

各国の国王・女王たちは、高齢などを理由にテレビで直接国民に退位の意思を語り、国民の強い支持のもと、退位を円滑に進めた。そして即位した新国王たちは現在、心身ともに充実し、エネルギッシュに公務をこなしている。この友人の「陛下たち」の退位をめぐる成功例を、国際情勢に通じた明仁天皇が熟知していたことはほぼ確実だろう。明仁天皇がテレビを通じた国民への「おことば」という意思表明手段を用いた背景には、このヨーロッパの友人たちの先例が念頭にあったのではないか。(「はじめに」、水島治郎・君塚直隆編『現代世界の陛下たち　デモクラシーと王室・皇室』、ミネルヴァ書房、二〇一八年所収)

「日々新たになる」というのは、このようなヨーロッパをはじめとする世界の王国における新たな動きを意味しているように思われます。

ここで注意すべきは「なる」という言葉です。「終戦の詔書」にも、「朕《ちん》深ク世界ノ大勢ト帝国ノ現状トニ鑑《かんが》ミ」「然レトモ朕ハ時運ノ趨《おもむ》ク所堪ヘ難キヲ堪ヘ忍ヒ難キヲ忍ヒ」といった言い回しがあります。第二次大戦の趨勢が枢軸国にだんだん不利になってゆき、イタリアやドイツが降伏し、ついに日本も降伏する。それを昭和天皇は、「世界ノ大勢」とか「時運ノ趨ク所」と呼んでいるわけです。

同様に、国王や女王の退位が世界的な流れになってきていて、ついに自分も退位することを、天皇明仁は「日々新たになる日本と世界」という言葉で表現している。両者に共通しているのは、自らの判断基準を「世界」に求めていることです。

第三節では、「全身全霊」という言葉が目を引きます。象徴天皇の務めというのは、心身ともに健康な状態のもとで「全身全霊をもって」行うべきものであり、病気や高齢化によってそれができなくなると、もはや象徴天皇の務めを果たせなくなってしまう。「高齢による体力の低下」や「次第に進む身体の衰え」を考慮すれば退位するしかないのだという思いが、言外に込められています。

「おことば」の第四節1——宮中祭祀

第四節は、天皇自身が憲法に規定されていない象徴天皇の務めについて積極的に語った箇所として、非常に重要です。

ここで天皇明仁は、天皇の務めとして「何よりもまず国民の安寧と幸せを祈ることを大切に考えて来ました」と述べています。これは要するに皇居の宮中三殿（賢所《かしこどころ》、皇霊殿《こうれいでん》、神殿）ないしそれに付属する神嘉殿《しんかでん》、あるいは宮殿で定期的に行われている宮中祭祀のことです。宮内庁のホームページにも、「天皇皇后両陛下は、宮中の祭祀を大切に受け継がれ、常に国民の幸せを祈っておられ、年間約二〇件近くの祭儀を行われています」とあります。宮中祭祀は国民の幸せを祈るために行われているわけです。

鎌倉時代の順徳天皇（一一九七〜一二四二）が『禁秘抄《きんぴしょう》』で「凡禁中作法先神事、後他事」（凡《およ》そ禁中の作法は神事を先にし、他事を後にす）と述べたように、「神事」すなわち祭祀は何よりも大事な天皇の務めとして宮中でずっと受け継がれてきたように見えるかもしれません。しかし現在の宮中祭祀は、後述する四方拝や新嘗祭《にいなめさい》を除く大部分が明治になってつくられたものです。江戸以前から伊勢神宮で行われてきた神嘗祭《かんなめさい》も、明治四（一八七一）年から宮中の賢所でも行われるようになりました。第二節で天皇は自らを「伝統の継承者」としていますが、その伝統はイギリスの歴史学者エリック・ホブズボームの言う「創られた伝統」であることに注意する必要があります。

一九〇八（明治四一）年制定の皇室祭祀令で詳細が定められ、戦前までは公的なものとして位置付けられてきた宮中祭祀は、戦後のＧＨＱの改革によって四七（昭和二二）年に皇室祭祀令が廃止されたことで天皇家の私的な行事になり、私的行為に分類されるようになります。「おことば」の名称を「象徴としてのお務めについての天皇陛下のおことば」としたのは、宮中祭祀は公的行為ではないから「公務」とは言えず、「お務め」という公的私的双方の行為を含む言葉にしたからではないか。

しかし皇室祭祀令が廃止されても、祭祀自体はおおむねこの法令に従って行われてきました。天皇明仁は、即位以来一貫して自ら宮中祭祀を行い、アマテラスや歴代天皇、皇族の霊、ないしは天神地祇と呼ばれる神々に向かって「御告文」を読み上げたり、皇后美智子とともに祭祀に出たりしています。

二〇〇五年から現在までの宮中祭祀への出席状況が、宮内庁のホームページで公表されています。それをまとめたのが表1になります。

この表を見ると、天皇が七五歳になる二〇〇八年と〇九年の間に変化が見られます。二〇〇九年以降、毎月一日の旬祭《しゅんさい》に出るのは五月と一〇月だけになっています。一月一日に行われる歳旦祭《さいたんさい》も、二〇〇八年までは毎年出ていたにもかかわらず、〇九年以降は出る回数が減っています。

最も重要な宮中祭祀は、一一月二三日から二四日にかけて神嘉殿で行われる新嘗祭です。新嘗祭は、午後六時から八時にかけての「夕《よい》の儀」と午後一一時から午前一時にかけての「暁《あかつき》の儀」に分かれ、天皇は全く同じお祭りを二度行いますが、一四年以降は「暁の儀」を行わなくなりました。

それでもまだ多くの祭祀を行ったり、出たりしていることがわかります。ちなみに二〇一八年には、四方拝と大祭に当たる元始祭、昭和天皇祭、春季皇霊祭・春季神殿祭、神武天皇祭、秋季皇霊祭・秋季神殿祭、神嘗祭、新嘗祭夕の儀を自ら行い、小祭に当たる孝明天皇例祭、祈年祭、香淳皇后例祭、明治天皇例祭、賢所御神楽の儀に出席したほか、一月四日の奏事始《そうじはじめ》、五

表1　宮中祭祀への天皇，皇后の出欠状況

	2005	06	07	08	09	10	11	12	13	14	15	16	17	18	19
四方拝(1月1日)	○	○	○	○	○	○	○	○	○	○	○	○	○	○	○
歳旦祭(同)	○	○	○	○	×	○	○	×	×	×	×	×	×	×	×
元始祭(1月3日)	●	●	●	●	×	○	●	○	●	×	○	○	○	○	○
奏事始(1月4日)	○	○	○	○	○	○	○	○	○	×	○	○	○	○	○
昭和天皇祭(1月7日)	●	●	●	●	×	○	●	●	●	×	●	●	●	●	×
孝明天皇例祭(1月30日)	●	●	●	●	●	○	●	●	○	○	○	×	×	○	○
旬祭(2月1日)	○	○	○	○	×	×	×	×	×	×	×	×	×	×	×
旧紀元節祭(2月11日)	○	○	○	○	○	×	×	×	○	○	○	○	○	○	○
祈年祭(2月17日)	○	○	○	○	○	○	○	×	○	○	○	○	○	○	○
旬祭(3月1日)	○	○	○	○	×	×	×	×	×	×	×	×	×	×	×
春季皇霊祭・神殿祭(春分の日)	○	●	○	●	●	●	●	×	●	●	△	●	○	○	○
旬祭(4月1日)	○	○	×	○	×	×	×	×	×	×	×	×	×	×	×
神武天皇祭(4月3日)	●	●	●	●	○	●	●	△	○	○	×	×	○	○	×
旬祭(5月1日)	×	○	○	○	○	○	○	○	○	○	○	○	○	○	
旬祭(6月1日)	○	○	○	○	×	×	×	×	×	×	×	×	×	×	
香淳皇后例祭(6月16日)	●	●	●	×	○	●	●	●	●	○	●	●	●	●	
節折(6月30日)	○	○	○	○	○	○	○	○	○	○	○	○	○	○	
旬祭(7月1日)	○	○	○	○	×	×	×	×	×	×	×	×	×	×	
明治天皇例祭(7月30日)	○	●	●	●	○	●	○	●	○	○	○	○	○	○	
旬祭(8月1日)	○	○	○	○	×	×	×	×	×	×	×	×	×	×	
旬祭(9月1日)	○	○	○	○	×	×	×	×	×	×	×	×	×	×	
秋季皇霊祭・神殿祭(秋分の日)	●	●	●	●	○	●	●	●	●	●	●	●	●	○	
旬祭(10月1日)	○	×	○	○	○	○	×	○	○	○	×	×	×	○	
神嘗祭(10月17日)	●	●	●	●	○	○	○	●	○	○	○	○	○	○	
旬祭(11月1日)	○	○	○	×	×	×	×	×	×	×	×	×	×	×	
新嘗祭(11月23日)	○	○	○	○	○	○	×	○	○	○	○	○	○	○	
旬祭(12月1日)	○	○	○	○	×	×	×	×	×	×	×	×	×	×	
賢所御神楽(12月中旬)	●	●	●	×	○	○	×	○	○	○	○	○	○	○	
天長祭(12月23日)	○	○	○	×	○	○	×	×	×	×	×	×	×	×	
大正天皇例祭(12月25日)	●	●	●	×	○	●	×	○	○	○	○	○	○	×	
節折(12月31日)	○	○	○	○	○	○	×	○	○	○	○	○	○	○	

注：●は天皇・皇后ともに出席，○は天皇のみ出席，△は皇后のみ出席，×は欠席
(宮内庁のホームページより)

月一日と一〇月一日の旬祭、六月三〇日と一二月三一日の節折《よおり》や、廃止されたはずの旧紀元節祭にも出ています。

皇后美智子は、確かに天皇と比べると出席回数が減ったとはいえ、昭和天皇祭や香淳皇后例祭、秋季皇霊祭・秋季神殿祭にはほぼ出ています。欠席する場合も、御所で終日遥拝や謹慎をしています。ちなみに一九九七(平成九)年には、「宮中の祭祀」を「皇室として欠くことの出来ない大切な仕事」の筆頭にあげています(宮内庁ホームページ)。

二〇〇九年と一九年の昭和天皇祭、二〇一六年の神武天皇祭はいずれも×になっていますが、これらの日には二人とも武蔵野陵(昭和天皇陵)で行われた昭和天皇二十年および三十年式年祭山陵の儀や、神武天皇陵で行われた神武天皇二千六百年式年祭山陵の儀に出ています。

明仁、美智子ともに、昭和天皇や香淳皇后に比べると、明らかに自ら行ったり出たりする回数が多い。晩年の昭和天皇は、新嘗祭夕の儀しか行わなくなりました。年に一回だけです。晩年の香淳皇后は、もちろん全く出なくなります。年齢に応じて祭祀から遠ざかるわけですが、明仁と美智子は必ずしもそうではありません。祈りということに対していかに熱心であるかがわかります。

「おことば」の第四節2――行幸

象徴天皇の務めとして一番大切に考えてきたのは祈り、すなわち宮中祭祀だとしながら、「同時に事にあたっては、時として人々の傍らに立ち、その声に耳を傾け、思いに寄り添うことも大切なことと考えて来ました」「日本の各地、とりわけ遠隔の地や島々への旅も、私は天皇の象徴的行為として、大切なものと感じて来ました」と述べています。

これはいずれも行幸を意味します。宮中祭祀同様、行幸も大切であり、象徴天皇の務めは宮中祭祀と行幸が二大柱だと言っているわけです。より正確にいえば、「皇太子の時代も含め、これまで私が皇后と共に行って来たほぼ全国に及ぶ旅」と述べているように、美智子妃を伴っての昭和期の行啓と平成期の行幸啓の双方が含まれます。詳しくは第2章と第3章で述べますが、「おことば」に即してごく簡単に触れておきます。

宮中祭祀が「お濠の内側」の宮中三殿という、人々の目に見えないところで行われるのに対して、行幸は人々の目に見える「お濠の外側」で行われるものです。その舞台は全国各地はもとより、海外にも及びます。ただし「おことば」ではもっぱら天皇と国民の関係につき言及していますから、ここでいう行幸は国内の行幸と見なせます。

行幸は御用邸や都内の音楽会、美術展などへのお出かけを除いて公的行為に分類されますので公務といえますが、宮中祭祀同様、憲法には規定されていません。宮中祭祀が明治になってほとんどつくられたように、行幸もまた明治になって複数の場所を回る巡幸という形で大々的に復活し、全国レベルの巡幸がたびたび行われるようになりました。

拙著『可視化された帝国　近代日本の行幸啓』増補版（みすず書房、二〇一一年）で触れたように、大正天皇も昭和天皇も皇太子時代から全国レベルの行啓（巡啓）や行幸（巡幸）を繰り返し、戦後の昭和天皇は国民体育大会や全国植樹祭などが開催された道府県を香淳皇后とともに訪れることが多くなります。一九五九（昭和三四）年の結婚以来の明仁と美智子の行啓や行幸啓は、明治以来の行啓や行幸、行幸啓を受け継ぐものです（ただしそのままではありません）。

第四節全体の文章を見ると、宮中祭祀よりも行幸の方に力点が置かれています。なぜなら「同時に事にあたっては」から「幸せなことでした」までの文章は、すべて行幸について語っていると見なせるからです。この文章の最後で天皇明仁は、「天皇として大切な、国民を思い、国民のために祈るという務め」＝宮中祭祀と「これまで私が皇后と共に行って来たほぼ全国に及ぶ旅」＝行啓や行幸啓が一体であることを強調しています。

行幸を繰り返すのは、「常に国民と共にある自覚」を自らの内に育てる必要があるからだとも言っています。似たような言い回しが第六節にも出てきます。「これからも皇室がどのような時にも国民と共にあり」がそうです。

ここでも「終戦の詔書」と比較してみたくなります。「朕ハ茲《ここ》ニ国体ヲ護持シ得テ忠良ナル爾《なんじ》臣民ノ赤誠《せきせい》ニ信倚《しんい》シ常ニ爾臣民ト共ニ在リ」(傍点引用者)という一文があるからです。昭和天皇は、天皇と臣民が常にともにあること、すなわち「君民一体」こそ「国体」の本来の姿であり、連合国軍から突き付けられたポツダム宣言を受諾しても、なお「国体」は護持され得るとしているのです。

「終戦の詔書」と「おことば」の間には、明らかな共通点があります。どちらも、あらかじめ放送の時間を告知しておいた上で、天皇がラジオやテレビを通して国民に直接呼びかけており、政府や国会、議会などを媒介とせず、天皇と国民がダイレクトにつながる関係性について言及しているからです。

他方で相違点もあります。「終戦の詔書」では、一貫して「臣民」という言葉が使われています。昭和天皇が「爾臣民」、つまり「おまえたち臣民よ」と呼びかけるとき、一人ひとりの具体的な姿は想定されていません。「臣民」というのは、抽象的な存在にすぎないのです。一方、「おことば」では「国民」という言葉のほか、第四節に「市井の人々」という言葉が出てきます。「その地域を愛し、その共同体を地道に支える市井の人々」が国内のどこにもいることを、度重なる行啓や行幸啓を通して認識したと言っているのです。ここで言う「市井の人々」とは、「臣民」や「国民」のような顔の見えない抽象的な存在ではなく、一人ひとりが別々の表情をした具体的な存在を意味しています。

ここから裕仁(昭和天皇)と明仁の行啓や行幸の違いが見えてきます。前掲『可視化された帝国』増補版で述べたように、皇太子裕仁がヨーロッパから帰国して摂政となった一九二一(大正一〇)年以降、全国各地を訪問するたびに万単位の臣民と裕仁が一体になるための空間がつくられました。例えば一九二四(大正一三)年の北陸巡啓に同行した宮内大臣の牧野伸顕(一八六一〜一九四九)は、福井市での奉迎会の様子を日記でこう述べています。

旧城門外の広場に市民数万人を集め、殿下は便殿に出御遊ばさる。知事(中野與吉郎)奉迎文を朗読、捧呈し、次いで奉迎者一同奉迎歌を合唱して後、知事、殿下の万歳高唱。万民之に和す。此間十分間内外なりしが実に壮観を極はめ、秩序整然、忠誠の気分満々たり。何れの国にても如此《かくのごとき》真純なる恭虔の赤心を以て主権者を迎ふる処あるべしとも思はれず。特種《ママ》の国体観、益々例証せられたるものと云ふ可し。(『牧野伸顕日記』、中央公論社、一九九〇年)

牧野は、「君民一体」が視覚化された光景のなかに日本固有の「国体」を見ています。こうした奉迎会や親閲式を、天皇になってからも全国各地で繰り返すことで、昭和天皇自身もまた同様の認識をもつようになったことは、先に述べた通りです。

儀式に臨む昭和天皇は、決して一人ひとりの顔を見てはいません。肉声すら基本的には発しません。万単位の臣民による、下からの積極的な「奉仕」を受けるだけの存在になっています。

こうした天皇と国民の関係は、昭和初期はもちろん、一九四六(昭和二一)年から始まる戦後巡幸でも踏襲されました。確かに戦後巡幸で昭和天皇は一人ひとりに語りかけようとしましたが、東宮御学問所で倫理担当の杉浦重剛(一八五五〜一九二四)から「王者の言語の深く慎まざるべからざること」(『倫理御進講草案』、杉浦先生倫理御進講草案刊行会、一九三六年)を教わった影響もあり、語るべき言葉を十分にもっていなかったのです。ちなみに昭和天皇が発した言葉で最も有名になったのは、「ああ、そう」でした。

一方、天皇明仁は皇太子時代から、美智子妃とともに全国各地で一人ひとりの顔を見ながら、それぞれ違う言葉をかけてきました。昭和天皇のように、万単位の臣民や国民が天皇と一体になるのではなく、一対一で天皇(や皇后)と国民が直接つながるような関係を、六〇年にわたって築いてきたわけです。ここにはミクロ化した「国体」の姿がある。この点については、第2章と第3章で詳しく検討したいと思います。

「おことば」の第五節1――摂政の拒絶

この節で天皇明仁が退位をほのめかしていることは前述の通りです。ただ摂政を拒絶していることについては、もう少し説明が必要です。

明治以降の天皇の歴史のなかに、摂政の前例があります。大正天皇の体調が悪化した一九二一(大正一〇)年一一月二五日に、旧皇室典範の第一九条「天皇久キニ亙《わた》ルノ故障ニ由《よ》リ大政ヲ親《みずか》ラスルコト能《あた》ハサルトキハ皇族会議及《および》枢密顧問ノ議ヲ経テ摂政ヲ置ク」に基づき、皇太子裕仁が摂政になりました。

これ以降大正天皇は、一般の人々の前にはいっさい現れないまま、さらに五年あまり療養生活を続け、二六年一二月二五日に葉山御用邸で死去しました。天皇明仁は「おことば」では言及しませんでしたが、退位の意向を示した二〇一〇年七月の参与会議や前述した明石元紹との対話では、摂政を拒絶する理由として大正天皇に言及していたことがわかっています。

二〇一〇年七月の参与会議については、「皇后は退位に反対した」(『文藝春秋』二〇一六年一〇月号所収)で詳細を知ることができます。それによると、天皇は「大正天皇の場合、病状が快方に向かいそうにないという医師の診断を根拠に摂政が設置された。それは、大正天皇ご自身の意思に反するものであり、踏襲されるべき先例ではない」と述べています。拙著『大正天皇』(朝日文庫、二〇一五年)で、大正天皇は自らの意思に反して強制的に「押し込め」られたと書きましたが、それに近い説を唱えているわけです。

一六年七月の明石元紹との対話でも、天皇明仁はこう述べています。

摂政を置いた方が良いという意見もあるようだが、僕は摂政という制度には賛成しない。その理由は、大正天皇のときに、昭和天皇が摂政になられたときに、それぞれの当事者（大正天皇と昭和天皇）として、あんまり、こころよい気持ちを持っていらっしゃらなかったと思う。

その当時、国の中に二つの意見ができて、大正天皇をお守りしたい人と摂政の昭和天皇をもり立てようとする二派ができ、意見の対立のようなものがあったと聞いている。僕は、摂政は良くないと思う。（『京都新聞』一六年一二月一日）

天皇の発言は、皇太子裕仁が摂政になった当時女官だった椿の局《つぼね》（坂東登女子《とめこ》。一八九二〜一九八〇）の、「侍従さん方は、お命が短うてもええから摂政様せずに御代のままでって仰る方と、それよりかゆっくりと長生きをおさせした方がええとかね、二派《ふたは》に分かれましてなかなかきびしゅうなりまして」という回想からも裏付けられます（山口幸洋『椿の局の記』、近代文芸社新書、二〇〇〇年）。「平成」は「大正」という悪しき前例を繰り返してはならないという天皇明仁の強い思いが伝わってきます。

旧皇室典範の第一九条は、戦後の皇室典範の第一六条「天皇が、精神若《も》しくは身体の重患又は重大な事故により、国事に関する行為をみずからすることができないときは、皇室会議の議により、摂政を置く」に受け継がれました。皇室典範を改正して第一六条に「高齢により」を加えるか、現行のまま第一六条を拡大解釈し、高齢により国事行為ができない場合を含ませることで、皇太子徳仁が摂政になることは可能なはずです。実際に、一〇年七月の参与会議では、「私は譲位すべきだと思っている」と述べた天皇明仁に対して、皇后を含む出席者全員が反対し、摂政の設置を主張しています（前掲「皇后は退位に反対した」）。

ちなみに、ノルウェー、スウェーデン、デンマークの北欧三国では国王の退位は見られず、イギリスのエリザベス女王もチャールズ皇太子に譲位する気配はありません。歴史学者の君塚直隆が指摘するように、「北欧でもイギリスでも、君主に不測の事態が生じた場合には、皇太子を摂政に立てて君主の執務を代行させるという慣習がこれまでも根づいてきた」（「現代世界の王室」、前掲『現代世界の陛下たち』所収）からです。つまり徳仁が摂政になっても、「日々新たになる」世界の流れに反することにはならないわけです。

しかしもし明仁が天皇として在位したまま徳仁が摂政になると、自分は二重権威化を避けるべく「押し込め」られ、大正天皇のように人々から忘れられた存在になってしまうのではないか――こうした恐怖感が天皇明仁を襲っていたとしても、おかしくはないでしょう。イギリスの王室で退位という言葉が、一九三六年にエドワード八世が米国人女性のウォリス・シンプソンと結婚しようとして、わずか三二六日で退位した「悪しき前例」を思い出させたように、日本の皇室で摂政という言葉もまた、大正天皇という「悪しき前例」を思い出させたのではないでしょうか。退位して上皇になれば、少なくとも私的活動は続けることができますし、「父」として新天皇を見守りつつリーダーシップを発揮することもできます。この違いは大きいと思います。

皇帝や国王の終身在位を原則とする中国や朝鮮では、皇后や王后の方が長く生き、「母」として次代の皇帝や国王の権力を代行する「垂簾聴政《すいれんちょうせい》」や「臨朝称制」がしばしば行われました（原武史『〈女帝〉の日本史』、NHK出版新書、二〇一七年）。日本でも、天皇の終身在位が規定された明治以降、皇后は必ず皇太后となり、貞明皇后のように天皇を上回る権力をもつ「母」も現れました（原武史『皇后考』、講談社学術文庫、二〇一七年）。天皇が退位して上皇になることは、こうした「母」の権力を封じることを意味するのです。

もう一つ、天皇が摂政を拒絶した理由として考えられるのは、明仁自身は明言していませんが、四方拝を行えなくなることです。四方拝は一月一日の早朝、天皇が伊勢神宮や山陵、四方の神々を遥拝する年中最初の宮中祭祀で、表1から明らかなように、天皇明仁は毎年欠かさず続けてきました。皇太子裕仁は摂政時代に天皇に代わって祭祀を行いましたが、四方拝は皇室祭祀令に基づき天皇に専属する儀とされたため、行うことができませんでした。この間に関東大震災のような大災害や、裕仁がアナーキストに狙撃される虎ノ門事件のような重大事件が起こったことが、天皇の念頭にあるように思われるのです。

摂政の設置では元号は変わりません。平安時代から江戸時代にかけて、疫病や地震など不吉な出来事があれば改元が繰り返されてきました(これを災異改元と言います)。二〇一九年は干支でいう癸亥《みずのとい》、すなわち亥年ですが、亥年には凶事が起こるとも言われてきました。関東大震災と虎ノ門事件は、いずれも亥年に起こっています。関東大震災の直後、貞明皇后は亥年に凶事が起こることを予測していたとする文章を記しています(同)。天皇は亥年になるまでに退位することで、「大正」の二の舞を避けたかったのではないかという気もするのです。

「おことば」の第五節2――しきたりへの言及

第五節では、退位を決断した背景として、昭和末期の天皇の重態に伴う「自粛」が引き起こした国民生活に対するさまざまな影響があったことが示唆されるとともに、一般に知られていない皇室のしきたりについても触れています。具体的には、「天皇の終焉」に伴う死のケガレを避けるためのしきたりに言及しているのです。

ケガレには、死穢《しえ》、産穢《さんえ》、血穢《けつえ》の三つがあります。死穢は男女に共通するのに対して、出産を意味する産穢や生理を意味する血穢は女性特有のものであり、いずれも血のケガレと呼ぶことができます。例えば平安時代に定められた「延喜式」には、早くも人の死穢三〇日、産穢七日の謹慎が定められています。ケガレの観念そのものは近世以降衰退してゆきますが、宮中では時代を越えて受け継がれます。天皇や皇后が「浄」なる存在として認識されるのは、いまなお「穢」を避けるための生活を続けているからだとも言えるのです。

明治以降、皇室の通夜に当たる「殯《もがり》」や葬儀に関する法令が整備されました。まず一九〇九（明治四二）年に皇室服喪令が制定され、その第一条に「父、母、夫ノ喪ハ一年トス」と規定されました。これに基づき、明治天皇、大正天皇、昭和天皇や昭憲皇太后、貞明皇后、香淳皇后が死去したときは、一年間の服喪期間があったわけです。その間に新天皇となる大正天皇や昭和天皇や天皇明仁は、同時に喪が明けてから行われる即位礼や大嘗祭の準備も進めなければなりませんでした。

一九二六（大正一五）年には、大正天皇の葬儀を行うための皇室喪儀《そうぎ》令が制定され、第六条に「大行天皇太皇太后皇太后皇后ノ柩ハ之ヲ殯宮《ひんきゅう》ニ奉遷ス」と規定されたほか、附式に「殯宮移御ノ儀」「殯宮日供ノ儀」「殯宮移御後一日祭ノ儀」「殯宮十日二十日三十日四十日及五十日祭ノ儀」といった「重い殯の行事」に関する儀式が規定されました。皇室服喪令と皇室喪儀令は、前述の皇室祭祀令同様、一九四七（昭和二二）年に廃止されましたが、実際には戦後も基本的にこれらの法令がずっと生きていました。

天皇明仁は、昭和天皇が死去したときと香淳皇后が死去したときの二度にわたり、「殯」や一年間の服喪を体験しています。それは皇后美智子も同様です。「その様々な行事と、新時代に関わる諸行事が同時に進行することから、行事に関わる人々、とりわけ残される家族は、非常に厳しい状況下に置かれざるを得ません」というのは、おそらく天皇の偽らざる本音でしょう。退位すれば、「殯」や葬儀と即位礼や大嘗祭に向けての準備が「同時に進行する」という事態を避けることができるわけです。

しかし天皇は、死のケガレを避けるためのしきたりそのものを見直すべきとは言っていません。ましてや、皇室服喪令や皇室喪儀令に規定されていない血のケガレについては、言及すらしていません。「おことば」によって、宮中ではいまなお、一般社会でとっくになくなったケガレを避けるためのしきたりが厳然と存在していることが明らかになりましたが、そこで言及されたしきたりがすべてではないのです。

もっとも明仁は男性ですので、血のケガレを避けるためのしきたりを体験していません。それがいかに苛酷なしきたりであるかは、皇后美智子の方がわかっているはずです。宮中に住み込み、内掌典《ないしょうてん》として長らく宮中祭祀に仕えた髙谷《たかや》朝子は、『皇室の祭祀と生きて　内掌典57年の日々』(河出文庫、二〇一七年)のなかで、女性特有の血のケガレを避けるための驚くべき生活について語っています。こうしたしきたりがいまなお厳然と存在することは、皇室典範で女性天皇が禁じられていることと同様、男女平等の原則に反していると言えます。

「おことば」の第六節

第六節では、「このたび我が国の長い天皇の歴史を改めて振り返りつつ」という言い回しが出てきます。ここでいう「長い天皇の歴史」に、退位が繰り返された七世紀前半から一九世紀前半にかけての歴史が含まれているのは言うまでもないでしょう。学友の明石元紹に話した、「明治以前の天皇については途中で譲位をしたり、いろんな形でいらした天皇はたくさんいる」という言葉とも響きあっています。

自らが定義した、宮中祭祀と行幸を中核とする象徴天皇の務めが、「常に途切れることなく、安定的に続いていくことをひとえに念じ」とも述べています。そのためには、皇室典範を改正して高齢による退位を認めるべきだとするメッセージが込められていると見ることもできます。たとえ代替わりしても、象徴天皇の務めはずっと変えてはならないという強いこだわりが、ここからは読み取れます。それぞれの代にはそれぞれの代にふさわしい天皇制のあり方があるという考え方には立っていません。

次代の天皇も次々代の天皇も、自らが定義した象徴天皇の務めができるかどうかが最も重要になるわけです。右派が固執するような、「万世一系」イデオロギーに基づく男系男子という血統に対するこだわりは、ここにはありません。象徴天皇の務めをきちんと果たすことができるなら、現行の皇室典範で禁じられた女性天皇はもちろん、女性天皇と一般男性の間に生まれた女系皇族でも天皇になって構わないとしているようにも見えます。

最後の一文は、「国民の理解を得られることを、切に願っています」となっています。これもまた「終戦の詔書」とよく似ています。なぜなら、「爾臣民其《そ》レ克《よ》ク朕カ意ヲ体セヨ」、つまり「おまえたち臣民よ、どうか私の気持ちをよく理解してもらいたい」という一文で終わっているからです。国民に向かって呼びかけた「おことば」が、臣民に向かって呼びかけた「終戦の詔書」を参考にしていると思われるゆえんです。

3　「おことば」の問題点

問題点1——権力主体となる天皇

ここからは、学問的な観点から見た「おことば」の問題点につき考察してみたいと思います。その第一は、「おことば」を発することで、天皇が日本国憲法で禁じられた権力の主体になっていることです。

天皇が退位の意向を示すこと自体が問題だと言っているわけではありません。最も理想的なのは、「天皇陛下も高齢だから、そろそろ退位してゆっくりお休みいただきたい」「終身在位は非人間的な制度であり、天皇にも退位の自由を認めるべきだ」といった民意があらかじめ存在していることです。その民意を受けて国民の代表である国会議員が国会で退位を発議し、天皇が退位の意向を示すという流れができれば、憲法の国民主権の原則とも矛盾しないと言えるでしょう。

けれども実際には、天皇明仁の退位の意向が報道されるまで、国民の間にそんな空気はなかったばかりか、そもそも天皇制に関する意見を自由に言える空気自体がありませんでした。天皇に対する「おそれおおい」という感情が、いまなお国民のなかに根強くあるからです。ヨーロッパの王国と比べても、天皇制をめぐるタブーが依然としてあることはまぎれもない事実であり、軽視してはならないと思います。

次善の策としては、政府が天皇の内意をくみとり、退位に向けて自発的に動くべきでした。しかし実際には、二〇一〇年の参与会議で天皇自身が退位の意思を示したにもかかわらず、歴代内閣は対応しようとはしませんでした。退位を認めれば、皇位継承に天皇の意思を介在させることになるのを恐れたからです。

その間に、しびれを切らした天皇ないし宮内庁の側から動いたというのが真相でしょう。官邸が公然と主導権の確保に乗り出したのは、二〇一六年七月一三日のＮＨＫのスクープのあとだったと言われています。政府ができたのは、せいぜい天皇の意向が強く反映された「おことば」の原案を修正することぐらいでした。

憲法学者のなかには、天皇本人が内閣の補佐と責任のもとで、天皇個人の人生のあり方にとって重大な問題である退位について制度改革を望み、その趣旨の発言をすることは、当事者にしか発言し得ない、やむにやまれぬ希望の表明として憲法上許容されるという説を唱えている学者もいます。天皇自身、一六年一二月二三日の誕生日に際しての記者会見で「内閣とも相談しながら表明しました」と述べていますし、秋篠宮もまた一六年一一月三〇日の誕生日に際しての会見で、「内閣の了解も得てお気持ちを表されるということに至ったと私は理解しております」と述べています。

しかし、ＮＨＫのスクープ翌日に当たる七月一四日の記者会見で、官房長官の菅義偉《すがよしひで》は「(退位の意向は)全く承知していない」と言い切っています。天皇や秋篠宮の発言はあくまでも事後的な解釈であり、実際には内閣の了解が事前に十分あったとは言えません。そうではなく、結果として天皇が一六年八月八日にテレビに出演し、国民に向かって直接「おことば」を発表することで、露骨に政治を動かしたのです。このことを許してしまった政府の責任もまた問われなければなりません。

法整備へと至った「現下の状況」について記す「特例法」の第一条には、「おことば」に対する言及がありません。「(天皇陛下が)八十三歳と御高齢になられ、今後これらの御活動を天皇として自ら続けられることが困難となることを深く案じておられること、これに対し、国民は、御高齢に至るまでこれらの御活動に精励されている天皇陛下を深く敬愛し、この天皇陛下のお気持ちを理解し、これに共感していること」とあるように、あたかも国民が、「天皇陛下のお気持ち」をはじめからわかっていたかのような条文になっています。

ここには一つのまやかしがあります。「おことば」がきっかけとなって「特例法」がつくられたことは明らかだからです。

本来、天皇を規定するはずの法が、退位したいという天皇の「お気持ち」の表明をきっかけとして新たに作られたり改正されたりすると、論理的には法の上に天皇が立つことになってしまいます。天皇が、個人の都合で専制的な権力をもつことになるわけです。大日本帝国憲法によって天皇大権を与えられていた明治、大正、昭和の各天皇のときも、こんなことはありませんでした。

退位をめぐる政府の有識者会議で座長代理を務めた御厨貴も、「政治的課題である退位という問題をご自身がおっしゃるのは、憲法の土俵から足が出た疑いが強い」と話しています(『朝日新聞』二〇一八年八月九日)。天皇退位への道筋を定めた当事者の発言であるだけに、きわめて重いと思います。

問題点2――象徴の定義

「おことば」では、天皇自身が象徴天皇の務めについて定義づけをしています。国事行為以外の行為、具体的には宮中祭祀と行幸をその中核に位置付けた上で、「全身全霊をもって」行うことができなければ象徴としての務めを果たせなくなるとまで言っている。非常にハードルを高くしているわけです。

宮中祭祀と行幸は、国事行為と違って憲法に規定されていませんし、皇室祭祀令のような法令もありませんので、天皇の意思を反映させる形で増やしたり減らしたりすることができます。しかしそもそも、「象徴天皇の務めとは何か」という問題は、天皇が決めるべき問題ではなく、主権者である国民が考えるべき問題のはずです。憲法学者の渡辺治は、「天皇の退位をめぐる議論でもっとも欠けているのは、天皇がそれを『全身全霊をもって』果たせなくなることを最大の理由にしている『象徴としての行為』とは何かを国民が議論することではないでしょうか」と述べています（『朝日新聞』二〇一七年四月二二日）。つまり国民どうしが話し合い、国民の多様な意思を反映する国会で議論を重ねた末に天皇に向かって発議し、その結論を天皇がきちんと受けとめなければなりません。

それなのに、実際には「おことば」が発表されるまで、政治家を含む大多数の国民は天皇制に対して積極的な関心をもとうとはせず、象徴とは何かについても深く考えようとはしませんでした。このことを改めて猛省する必要があると思います。

国民が議論を重ねてこなかった背景には、天皇制の構造的な問題があります。明治から昭和初期にかけての近代天皇制では、行幸や行啓に際して、君が代や奉迎歌の斉唱や旗行列、万歳三唱、分列行進など、臣民から天皇や皇太子に向かっての具体的な言葉を伴わないさまざまな「奉仕」を義務づけました（原武史『日本政治思想史』、放送大学教育振興会、二〇一七年）。臣民にとっての天皇や皇太子は常に仰ぐべき存在であり、前述したような「おそれおおい」感情もここに根差しています。このため、一九〇一（明治三四）年に足尾銅山の鉱毒問題を明治天皇に直訴した田中正造（一八四一～一九一三）や、一九二七（昭和二）年に軍隊内部落差別の存在と待遇の改善を昭和天皇に直訴した北原泰作（一九〇六～一九八一）のように、言葉を通して自らの意見を天皇に表明することはタブーとされました。

こうしたタブーはいまなお残っています。園遊会や行幸で訪れた施設などは、天皇が国民に向かって声をかけた場合に限ってお答えするという暗黙のルールができていて、原則として国民から天皇に向かって自らの意見を表明することはできません。最近では天皇や皇后が一般市民の撮影に応じるなど、世間との垣根を低くすることで話しやすい雰囲気を作ろうとしている面もありますが、「おそれおおい」感情が消えたわけではありません。

このこと自体、象徴の地位が「主権の存する日本国民の総意に基く」と規定された憲法第一条と矛盾しているのです。その矛盾が、象徴とは何かを天皇自身が定義した「おことば」にも表れていると思います。

問題点3――自明でない民意

「おことば」で天皇は、「国民の安寧と幸せを祈ること」＝宮中祭祀と「人々の傍らに立ち、その声に耳を傾け、思いに寄り添うこと」＝行幸を、大切な天皇の務めとしています。国民というのは、天皇から一方的に宮中で祈られたり、わざわざやって来て思われたりする客体としてとらえられているわけです。

しかし、国民全体が天皇に祈ってほしいとか、来てほしいと思っているかどうかは、必ずしも自明ではありません。

例えば、皇太子明仁と美智子が結婚してまもない一九五九（昭和三四）年九月、伊勢湾台風が東海地方を襲いました。一〇月四日から五日にかけて、皇太子は被災地の上空を自衛隊のヘリコプターで視察するとともに、名古屋市や岐阜市、三重県津市などを訪れ、被災者を直接見舞っています（美智子妃は妊娠中のため同行せず）。平成になってすっかり定着した感のある天皇明仁の被災地訪問は、実はここから始まっていたのです。

このときは、皇太子の訪問に反対する声もあがっていました。例えば中部日本新聞(現・中日新聞)社会部長の宮岸栄次は、「十分な準備や警備は、むろんできないばかりか、そのためにさく人手が惜しいほどだったのだ。『ありがためいわく』というのが、地元側の真意であった」と述べています。一九五九年一〇月三日付の『読売新聞』には、「キレイごとの視察見舞いは、被災者の沈痛な心理に逆作用を起こすおそれがある」という男性の投書も掲載されました(以上、引用は朝日新聞社会部編『祈りの旅　天皇皇后、被災地への想い』、朝日新聞出版、二〇一八年による)。

こうした一般の声は、明仁と美智子が皇太子(妃)時代から地方訪問を重ねるにつれ、目立たなくなってゆきました。二人の地方訪問の回数は、昭和天皇と香淳皇后のそれに比べて大幅に増え、範囲も拡大しました。しかし第2章と第3章で見るように、少なくとも沖縄県では、たとえ明仁と美智子が戦没者への慰霊を行ったり、福祉施設を訪れたりしても、訪問に反対する動きが非常に活発でした。それは決して、天皇制に反対する一部の過激派だけにとどまっていたわけではありません。

目立たなくなったとはいえ、平成になっても「ありがためいわく」という声が完全に消えたわけではありません。共同通信編集委員の大木賢一によれば、一九九五年の阪神・淡路大震災のときには、「天皇なんか来てくれても何にもならない」「それよりも仮設住宅を早く」といった感想を、マスコミも報じていました(『皇室番 黒革の手帖』、宝島社新書、二〇一八年)。

二〇一一年三月の東日本大震災のときも、地元の自治体は天皇、皇后の早期の訪問を想定していませんでした。例えば福島県の知事公室長兼秘書課長だった樵《きこり》隆男は、震災直後の二〇一一年四月に宮内庁から天皇、皇后が県を訪れたいという「お気持ち」を聞いたとき、「こんな時期にお迎えしてよろしいものだろうか」「放射線が問題になっている時期にお迎えするのは……」として難色を示しました(前掲『祈りの旅』)。しかし結果的に「お気持ち」が優先され、五月に福島県行幸啓が実現したのです。

もし国民の多くが、戦没者慰霊や被災地、福祉施設などへの訪問は自分たちや政府関係者がするべきであり、天皇にわざわざ来てもらわなくてもよいと考えるのであれば、行幸は大幅に減るはずです。国会の開会式への臨席など、昭和天皇から引き継がれた定例の行幸や、御用邸での滞在など私的な行幸が中心になるからです。たとえ被災地や福祉施設などを訪れることがあっても、公的行為としてではなく、私的な微行(お忍び)になるでしょう。また国民の安寧と幸せを祈るのは宗教者の役割であり、天皇に祈ってもらわなくてもよいと考えるのであれば、宮中祭祀は純粋にアマテラスや歴代天皇、皇族といった天皇家の先祖の霊を慰めたり、神恩に感謝したりするための私的行事になるはずです。

必ずしも自明でない民意が、天皇自身によってあたかもはじめからあったかのようにつくられる面もあります。前述のように、退位の報道の前には天皇に退位してほしいという意見を自由に言える空気はありませんでした。多くの人々が、天皇はイギリスや北欧の国王同様、終身在位するのが当然と考えていたのであり、終身在位が非人間的な制度だとは考えていませんでした。にもかかわらず、いったん「おことば」が発せられるや、退位があたかも民意のようになってしまったのです。

この現象は、玉音放送によって「終戦の詔書」が流された一九四五年八月とよく似ています。あの放送が流れるまでは、多くの人々が戦勝を信じていたのであり、たとえ戦争に負けると思ったとしても、公然と言える空気はありませんでした。ところがいったん放送が流れるや、圧倒的多数の臣民がそれを受け入れました。どちらも天皇自身が国民に向かって直接呼びかけることで、民意をつくり出したわけです。この点でも天皇は、権力主体になっています。

歴史社会学者の小熊英二は、「天皇がその立場を活用し、メディアに一方的なメッセージを流すのは危うい」「政治的効果を期待して(メッセージが)公開されたことは明らか」と述べています(『朝日新聞』二〇一八年八月九日)。ここでの議論を補強する指摘と言えるでしょう。

問題点4――矛盾する論理

天皇明仁は、一方で明治以降の終身在位に基づく皇室典範を改正し、退位を恒久制度化することを望んでいました。その意味では、二〇一三年に表明された天皇陵や喪儀の見直しと同様、明治以降に強大化した天皇制の残滓を取り除き、天皇の権力が小さかった江戸以前の伝統に立ち返ろうとしているように見えます。

しかし他方、天皇自身が「おことば」で象徴天皇の務めの中核に位置付けた宮中祭祀と行幸は、いずれも明治以降になって新たにつくられたり、大々的に復活したりしたものです。具体的に言えば、一月一日の四方拝と一一月二三日の新嘗祭を除く宮中祭祀は明治以降につくられたものですし、明治五(一八七二)年から始まる明治天皇の巡幸は、九世紀はじめの桓武天皇(七三七〜八〇六)の和泉・紀伊巡幸以来途絶えていた天皇巡幸を復活させたものです。

昭和初期には、宮中祭祀、行幸ともに新聞などで大きく報道されることで、天皇の神格化が強まりました。前述のように、宮中祭祀について規定した皇室祭祀令は一九四七(昭和二二)年に廃止されましたが、宮中祭祀そのものは私的行為として戦後も踏襲されました。行幸も四六年二月から戦後巡幸として復活しました。平成になると、この二つは天皇明仁と皇后美智子によって、かつてないほどに盛んになりました。

ここには一つの矛盾があります。天皇の権力が強大化した明治から昭和初期までの天皇制を否定しつつ、その残滓を受け継ぎ、天皇の務めの中核にしているからです。「おことば」を見る限り、天皇自身がこの矛盾に気づいているようには見えません。

問題点5――「国民」とは誰のことか

「おことば」で天皇は、「国民」という言葉を一一回、「人々」という言葉を六回使っています。前述した「市井の人々」というのも、このなかに含まれます。

しかし、「国民」とは一体、誰のことを指しているのでしょうか。日本国に住んでいるすべての人々を指しているのでしょうか。そうではありません。行啓や行幸啓の途上で明仁や美智子に会ったり、明仁や美智子から話しかけられたりすることをあらかじめ拒まれている人々もいるからです。

「国民」が日本国籍をもった人々を意味するとすれば、そこには在日コリアンはもとより、年々増加しつつある在留外国人は含まれません。

もちろん、そうした外国人が天皇や皇后の乗る御料車を沿線や沿道で迎えるような場合はあったでしょう。二〇〇七年一〇月には、皇后が「日本に生活する三〇万を超えるといわれる南米からの移住者たちが、ふるさとを離れて住む困難をよく克服し、日本の社会に温かく受け入れられていくよう願いつつ、心を寄せていきたいと思っています」と述べたこともありました（宮内庁ホームページ）。

けれども、二〇〇八年四月に群馬県大泉町で日系ブラジル人と懇談したり、一八年一一月に静岡県浜松市の外国人学習支援センターを視察したりしたのを除き、外国人が集まる国内の施設や学校などを天皇や皇后が訪れたことはありません。言うまでもなく日系人というのは、外国人とは言っても、日本にルーツをもつ人たちのことです。天皇は在位最後となる二〇一八年一二月二三日の誕生日に際して「各国から我が国に来て仕事をする人々を、社会の一員として私ども皆が温かく迎えることができるよう願っています」(宮内庁ホームページ)と述べましたが、少なくとも「おことば」にそれに該当する箇所を見いだすことはできません。

第2章と第3章で触れるように、天皇明仁は皇后美智子とともに、皇太子時代からさまざまな福祉施設を訪れてきましたが、精神障害者を収容する施設は訪れていません。受刑者が収容された刑事施設を訪れることもありません。たとえ日本国籍をもっていたとしても、そうした人々は除外されています。

天皇明仁と皇后美智子が全国各地にある陸上自衛隊の演習場や駐屯地、海上自衛隊ないし航空自衛隊の基地を訪れることもほぼありません。

行幸啓の途上、天皇、皇后が乗る御料車に向かって自衛隊員が整列、敬礼することは、平成のはじめからずっとあります。皇居の宮殿で天皇、皇后が海外に派遣された自衛隊員と懇談したり、自衛隊の高級幹部に面会したりすることや、自衛隊機や自衛隊のヘリコプターで被災地に向かい、行方不明者の捜索などを行う自衛隊員に声をかけることもあります。相次ぐ災害によって、天皇と自衛隊の距離は昭和よりも縮まっています。

けれども、一九七二(昭和四七)年一月三一日に「さっぽろ雪まつり」の雪像群を見学するため陸上自衛隊の真駒内《まこまない》駐屯地を訪れたり、九四年二月一二日に海上自衛隊と航空自衛隊が共同運営する硫黄島航空基地で島の概要を聴取したり、東日本大震災の見舞いのため二〇一一年四月二七日に宮城県を訪れた際、壊滅的な被害を受けた仙台空港に代わって航空自衛隊の松島基地に降りたりしたような例外を除き、自分たちから自衛隊の施設を訪れることはないのです。

この点は大日本帝国憲法下の天皇や皇太子が、師団司令部や連隊、練兵場、鎮守府、要港部など、全国各地の陸軍や海軍の施設や演習地を訪れたのとは対照的です。米国の天皇制研究者、ケネス・ルオフは、ヨーロッパの国王が軍と密接な関係をもっているのに比べると日本は特異だとした上で、「天皇が自衛隊の基地を訪れたとしても、それによって戦前のような天皇による軍事視察を思いおこす必要はないのです」と述べています(『天皇と日本人　ハーバード大学講義でみる「平成」と改元』、木村剛久訳、朝日新書、二〇一九年)。

ホームレスも「国民」には含まれていません。柳美里《ゆうみり》の小説『ＪＲ上野駅公園口』(河出文庫、二〇一七年)のなかに、このことを示す一枚の張り紙が出てきます。

〈下記のとおり特別清掃を実施しますので、テントと荷物を移動してください。

日時　平成18年11月20日(月)雨天決行
午前8時30分までに、現在地から移動すること。
(午前8時30分から午後1時00分までの間は公園内での移動禁止)

①文化会館裏の荷物、仮集積場鋼板・桜並木通り側の荷物、すり鉢山裏のテントと荷物は管理所裏フェンス前に移動してください。
②ボードワン博士像、奏楽堂、旧動物園正門、ごみ集積場、グラント将軍碑付近のテントと荷物は、精養軒付近「お化け灯籠」前に移動してください。
③不忍池、ボート小屋付近のテントは、不忍池の中通りに移動してください。
④西郷像付近のテントはＪＲ側に、荷物は以前、テントのあった側に移動してください。
⑤精養軒付近の植栽にある荷物はカラーコーンで明示した位置より「お化け灯籠」側に移動してください。
⑥テントと荷物を片付けた後に(バッテリー、バール、単管パイプ、刃物類等)の危険物やベニヤ板等は放置しないこと。

〈上野恩賜公園管理所〉

二〇〇六年一一月二〇日、天皇明仁と皇后美智子が上野の日本学士院会館を訪れるのに先立ち、このような紙が上野公園に張られたのです。ここには、天皇や皇后といった文字はいっさい出てきません。けれどもこれが、上野公園に住んでいたホームレスの一時的な強制排除を意図しているのは明白でしょう。天皇や皇后を「浄」のシンボルととらえ、その前では「不浄」なものを隠さなければならないとする発想がうかがえます。天皇や皇后の視界から、ホームレスは周到に排除されているのです。

問題点6――行幸に伴う警備や規制

問題点5で触れたホームレスの強制排除もそうですが、天皇と皇后が「日本の各地、とりわけ遠隔の地や島々への旅」を行うと、必然的に警備が強化され、交通規制や立ち入り規制などがしかれます。往々にしてそれらは過剰になり、「おことば」に言うところの「国民の暮らしにも様々な影響が及ぶ」のです。

皇太子時代の大正天皇は、警備や規制を極端に嫌い、わざと道順を変えたり、予定外の場所を突然訪れたりしました(前掲『大正天皇』)。しかし皇太子明仁と皇太子妃美智子の行啓では、あらかじめ日程が地元に知らされ、それに合わせて警備や規制がしかれました。一九七七(昭和五二)年七月に皇太子夫妻が訪れた仙台市では、タクシーの運転手が「この交通規制は、私らの商売には意外と響くんですよ。午前中は瑞鳳殿(伊達政宗をまつる霊廟——引用者注)へいらっしゃるというので、やっぱり規制されたし。売り上げは平日の半分。まいっちゃいますよ」と話しています(『河北新報』七七年七月二二日)。

一般客の乗れない特別列車に皇太子夫妻が乗る場合にも影響が及びました。六一年三月に中央本線で特別列車が運転されたときは、通常列車の運転を最大で一時間三五分遅らせようとしました。さすがに事前に問題となり修正されましたが、八〇年七月に神戸電鉄で特別列車が運転されたときも、前後三本のダイヤが変更されています(原武史「皇太子(現天皇)夫妻と鉄道」、『本』二〇一八年五月号所収)。

警備や規制に伴う影響は、天皇と皇后になるとさらに広がります。九三(平成五)年四月に二人が全国植樹祭の開会式に出席するため沖縄県を訪れたときには、『琉球新報』のコラム「話の卵」がこう批判しています。

……ご来県に至るまでの県警の警備ぶりは常識を逸脱して市民生活に不快感を与えるものであった。

二十五日まで泊まられるホテル付近は一カ月前から一段と警備が強化され、付近住民でさえ自分の家を出入りするのに気兼ねするほど。わが社の記者の何人かは取材で近くを通ったところ、かなりプライベートな部分まで質問を受け腹を立てて帰ってきた。
ウシーミー（清明祭）のピークだった十八日には、各地で墓参りがあったが、植樹祭会場近くの糸満市糸洲で墓参りに行こうとした家族連れが警官に呼び止められ、琉球料理が入った重箱の中を見せるよう要求された。（『琉球新報』九三年四月二三日夕刊）

こうした「常識を逸脱し」た警備は、決して沖縄県に限ったことではありません。二〇一七年一一月の鹿児島県行幸啓に同行した日本経済新聞編集委員の井上亮《まこと》も、「屋久島から沖永良《おきのえら》部《ぶ》島のホテルに着くまで、異様に感じたのは警察の尋常ではない警備態勢だ。地方行幸啓ではつきものの『過剰警備』だが、今回は『こんな小さな島で、これほどの人数が必要なのか』と思えるほど警官の姿が目立った」と述べているからです（『象徴天皇の旅　平成に築かれた国民との絆』、平凡社新書、二〇一八年）。

「おことば」は、一部で「第二の人間宣言」と言われました。しかし「人間」であれば、少なくとも皇太子時代の大正天皇のような行動の自由がなければならないはずです。実際には「人間」どころか、天皇が「神」とされた時代とあまり変わらない警備や規制がしかれていることを指摘しないわけにはいきません。

これもまた天皇が権力をもっていることの現れなのです。明治天皇に仕えた坊城俊良《ぼうじょうとしなが》(一八九三〜一九六六)は、天皇が外出をしたがらないのは「お出かけになった場合の、官吏や一般国民の迷惑、大騒ぎさせることの無駄を、気の毒がっておられた」からだと述べています(『宮中五十年』、講談社学術文庫、二〇一八年)。明治天皇とは異なり、天皇明仁の「おことば」には、自分たちが外出するせいで警備や規制が過剰になり、「国民の暮らしにも様々な影響が及ぶ」ことに対する自覚的な言及はありません。

以上、現在編として、「おことば」を手掛かりに、「平成」を特徴づける天皇明仁の思考を検証してきました。第2章と第3章では、過去編として、明仁、美智子の結婚以来の行啓や行幸啓につき、詳細な検討を加えたいと思います。「おことば」で最も時間をかけて言及したのが行幸であり、皇太子(妃)時代からの行啓や行幸啓を考察することは、「平成」とは何かを解明する上で非常に重要だと思われるからです。

第2章　「平成」の胚胎——過去編1

1　行啓の概要

「国民との接触は大事だと思う」

結婚した翌年に当たる一九六〇(昭和三五)年九月一九日、皇太子明仁は「欧州の王室に比べて、日本の皇室は国民に接する機会が少ないが、いかがですか」という記者からの問いかけに対して、「国民との接触は大事だと思う。国民から離れてはあり得ない。ただ政治的な立場など、いろいろ違った面があるし、欧州とは違ったやり方で接することもあり得ましょう」と答えています(前掲『新天皇家の自画像』)。

この返答からは、皇太子が結婚直後から「お濠の外側」に積極的に出て「国民との接触」を図ろうと考えていたことがうかがえます。もちろん皇太子の行啓自体は、大正天皇も昭和天皇も行っていましたし、明仁自身も結婚前から行っていました。しかし皇太子時代の大正天皇や昭和天皇は、結婚奉告のための伊勢神宮、神武天皇陵などへの参拝や、御用邸や高松宮別邸(現・天鏡閣)での滞在を除いて基本的に妃を同伴せず、結婚しても単独で行啓を続ける場合が多かったのに対して、皇太子明仁は結婚直後から一貫して皇太子妃美智子とともに行啓を続けた点が異なっています。

八〇年八月一〇日に軽井沢の千ケ滝《せんがたき》プリンスホテルで開かれた会見でも、皇太子明仁は「地方というものは非常に大事だと思いますね。中央だけでなくて、地方全体がそれぞれの立場で生きていく。それが日本として大事だと思います。そういう意味で、地方との接触というのは心がけたいと思います。地方の人の感じというものを汲みとっていきたいと思っているわけなんです」と述べています(同)。

本章では、皇太子(妃)時代に当たる一九五九年から八八年までの明仁と美智子の行啓、すなわち地方訪問を詳しく取り上げます。それを通して、昭和の約三〇年間のなかでいかにして「平成」が胚胎したのかを探りたいと思います。

全国におよぶ行啓

明仁、美智子が天皇、皇后になってからの行幸啓については、宮内庁がホームページですべての日程を公開しています。外国訪問についても、皇太子(妃)時代を含めて詳しい日程をやはり宮内庁のホームページで知ることができます。しかしながら、皇太子(妃)時代の行啓の日程については、宮内庁のホームページでも知ることができません。

ここで重要なのは、ブロック紙を含む地方紙です。全国紙では、地方版を除いて行啓自体が報道されない場合が少なくないからです。一口に地方紙と言っても、一面や社会面のトップ記事で詳細を報じる新聞もあれば、せいぜい社会面の隅のほうにしか報じない新聞もありますが、北海道から沖縄県までの地方紙を細かく見てゆくことを通して、行啓の実態をさまざまな角度から分析したいと思います。

巻末表1では、地方紙や全国紙の地方版のほか、国立公文書館所蔵「総理府公文・国政一般・皇室・行幸、行啓」第2巻〜第7巻をもとに、一九五九(昭和三四)年から八八年まで、皇太子夫妻が二人そろって行った主な国内行啓を一括して掲げました。

巻末表2では、皇太子夫妻が訪れた市町村を、訪れた年とともに、北海道から沖縄県まで都道府県別に掲げました。ただし東京都の区部は除き、しばしば滞在した御用邸のある栃木県那須郡那須町や神奈川県三浦郡葉山町、しばしば参拝した多摩御陵(大正天皇および貞明皇后陵)のある東京都八王子市、毎年夏に静養した千ヶ滝プリンスホテルのある長野県北佐久郡軽井沢町については、訪れた年を省略しました。市町村名は、訪れた当時の名称によっています。どちらかが単独で訪れた市町村は除いています。それでも、全都道府県を少なくとも一回は訪れています。

美智子妃は、一九六〇(昭和三五)年二月に長男浩宮徳仁親王を、六五年一一月に次男礼宮文仁親王を、六九年四月に長女紀宮清子《さやこ》内親王を出産したほか、六三年三月には第二子を流産しています。六九年一〇月には肋骨の手術を、八六年三月には子宮筋腫の手術を受けています。

当然、それらの前後は行啓ができず、静養しているわけです。また国内だけでなく海外にも足を運び、皇太子(妃)として四二カ国を訪れていることを踏まえると、いかに驚くべきペースで全国各地を二人で回っていたかがわかります。

もっとも、二人の行啓のすべてを把握できたかと問われれば、そうだと言い切ることはできません。地方紙や全国紙の地方版が行啓を逐一報道しているとは限りませんし、「総理府公文・国政一般・皇室・行幸、行啓」も一九七二年一月までの行啓の記録しかありません。この点で巻末表1や巻末表2のデータは完全でないことをお断りしておきます。

ミッチーブームをどう見るか

もちろんこれまでにも、皇太子明仁や皇太子妃美智子に関する研究はありました。それらの研究では、一九五八(昭和三三)年の婚約発表とともに爆発的に広がったミッチーブームは、六〇年代に入るとしだいに冷めていったとされています。

例えば歴史学者の河西秀哉は、ブームの終焉のきっかけとして六三年の皇太子妃の流産をあげながら、こう述べています。

これをきっかけに、それまでの雑誌などの報道に対する批判も高まり、メディアは美智子妃についての報道を縮小していった。美智子妃も葉山や軽井沢などで長期療養を行い、宮内庁はメディアに対して取材の自粛を要請していく。そしてその後、美智子妃を伝える記事は当たり障りのないものが多くなっていった。人々も高度経済成長にともなって生活水準が向上してくると、皇太子一家を理想的な家族モデルと見なくなっていく。それは飽きでもあった。強烈なブームだったがゆえに、美智子妃の人気が下降するのも早かったのではないか。こうしてミッチー・ブームは終焉したのである。(「美智子皇后論」、吉田裕ほか編『平成の天皇制とは何か　制度と個人のはざまで』、岩波書店、二〇一七年所収)

同様の指摘は、歴史学者の森暢平《ようへい》もしています。

東京オリンピックでわく高度経済成長期の日本は、皇室の民主化と、人間化への希望を背負って皇室入りした美智子妃への期待を忘れていくのである。豊かになった人びとの間では、民族、皇室のような公的関心事への注目が薄れ、自分たち自身の私生活が重視されていくのである。(「香淳皇后と美智子妃の連続と断絶」、森暢平・河西秀哉編『皇后四代の歴史』、吉川弘文館、二〇一八年所収)

こうした指摘は正しいでしょうか。

そうではありません。なぜなら、皇太子明仁と皇太子妃美智子が二人で全国各地を回ることは、東京を中心としたミッチーブームが、時間をおいて東京から地方へと波及してゆくことを意味したからです。集まった人数は、昭和天皇と香淳皇后が行幸啓で同じ地方を訪れたときをしばしば上回りました。

例えば、一九六一（昭和三六）年一〇月に訪れた富山県高岡市では「駅前広場をはじめ、沿道は同市はじまっていらいの十六万余人」（『北日本新聞』六一年一〇月一五日）で埋めつくされ、六二年五月に訪れた熊本県では「お立ち寄りになった市や町村では、大体人口の七、八割は完全にお出迎え」（『熊本日日新聞』六二年五月一三日）し、六八年八月に訪れた福島県郡山市では「県下一広いといわれる駅前広場は人、人で戦後最高の人出」（『福島民報』六八年八月四日）となり、同年九月に訪れた福井県では「お二人をお迎えした県民は、延べ五十万五千人。これは全県民の六〇％以上に当たり、二人に一人以上は皇太子ご夫妻をどこかでお迎え」（『福井新聞』六八年九月八日）しました。

離島になるとさらにすさまじく、七二年九月に訪れた鹿児島県の徳之島では、島の人口約三万七〇〇〇人に対して沿道で三万六五〇〇人が迎えています（『南日本新聞』七二年九月一四日）。ほぼすべての島民が皇太子夫妻を迎えたことになるわけです。

地方紙に掲載された写真を見ると、二人で歩くときには、皇太子妃は必ず皇太子の一歩後ろにつき、皇太子を立てるように努めていたことがわかります。しかし実際には、どこを訪れても、皇太子妃は皇太子を上回る人気がありました。以下、富山県、山口県、青森県、福井県、高知県、沖縄県の地方紙から引用します。

どこでも美智子さまの人気は圧倒的で、お車の左側にお乗りになっているので歓迎者も左側が大混雑で、皇太子さまを見なかった人が多いのではないか。（『北日本新聞』六一年一〇月一七日夕刊）

特別車の左側に美智子さまがお乗りになっている関係か、沿道の人垣は左側が圧倒的に多かった。（『防長新聞』六三年九月一四日）

従来の皇室関係のお出迎え風景と違い、女性、それも若い人たちが多いのが目立つ。（『東奥日報』六六年七月三一日）

奉迎者の顔、顔、顔。ほとんどが女性である。（『福井新聞』六八年九月六日）

大半が女性で、おおむね関心のマトは美智子さま。（『高知新聞』七六年七月二五日）

ほとんどが婦人と子供たちで、関心の的は美智子妃殿下。（『沖縄タイムス』七五年七月一八日）

これらは東京から比較的遠い地方に皇太子夫妻が訪れたときの反応ですが、東京に隣接する埼玉県の浦和ですら、一九六七年九月に二人が訪れたときには「お姿が見えたとたんに、『万歳』『ミッチー』の声。万歳はともかく、熱狂ファンのような『ミッチー』の掛け声とは、相変わらずの妃殿下の人気だった」(『埼玉新聞』六七年九月一七日)という反応でした。皇太子が前を歩いているにもかかわらず、皇太子妃ばかりが目立ち、皇太子が撮られていない写真を大きく掲載する地方紙までありました(『愛媛新聞』八〇年八月一日。写真1参照)。

写真1 愛媛県松山市の青果連ジュース工場を訪問する皇太子妃(『愛媛新聞』1980年8月1日)

それまでテレビや新聞、雑誌の写真でしか皇太子妃を見たことがなかった人々が、実際の姿を目のあたりにして熱狂し、「いつ見てもおきれい」(松江市。『島根新聞』一九六七年一〇月六日)、「やっぱりきれいねえ」(札幌市。『北海道新聞』七一年二月六日)、「キュラムンヤー(お美しい)」(鹿児島県徳之島。『南日本新聞』

七二年九月一四日)といった声をあげ、時には握手攻めにしたのです(宮崎県高鍋町。『宮崎日日新聞』七七年九月一四日)。確かに全国紙や週刊誌などでは、皇太子夫妻に関する報道は小さくなる傾向にありましたが、それらを見ているだけでは地方の実態を正確に把握することができないと思います。

行啓の類型

皇太子夫妻の主な国内行啓をまとめた巻末表1からは、同時代の昭和天皇と香淳皇后の行幸啓との違いが見えてきます。

昭和天皇と香淳皇后の行幸啓は、日本体育協会(現・日本スポーツ協会)、文部省(現・文部科学省)、開催地の都道府県が共催する国民体育大会(国体)秋季大会と、国土緑化推進委員会(現・国土緑化推進機構)と開催地の都道府県が共催する全国植樹祭の開会式への出席を二本柱にしてきました。前者は一九四九(昭和二四)年一〇月の第四回東京大会以来、原則として毎年一〇月に開かれてきましたし、後者は一九五〇年四月に第一回国土緑化大会として山梨県で開催されて以来、原則として毎年四月か五月に開かれてきました(六〇年に全国植樹大会、七〇年に全国植樹祭と改称)。

どちらも全都道府県持ち回りで、開会式への出席に付随して、開催された道府県の道府県庁や市役所をはじめ、福祉施設や学校、会社や水族館などを二人で回ることを恒例にしていました。しかし香淳皇后が那須御用邸で腰椎を骨折した一九七七年七月以降、行幸啓ではなく、天皇単独での行幸が多くなりました。昭和天皇が最後に国民体育大会秋季大会に臨席したのは八六年一〇月に開かれた第四一回山梨大会、最後に全国植樹祭に臨席したのは八七年五月に開かれた第三八回佐賀県植樹祭でした。

一方、皇太子夫妻の地方行啓は、結婚奉告のため一九五九年四月に三重県の伊勢神宮と奈良県の神武天皇陵に参拝したのを除くと、六一年三月から本格的に始まります。六二年七月までは行事に合わせた定例の行啓がありませんでしたが、第四回国立公園大会が長野県で開催された同年八月以降、以下に掲げる行事への臨席に合わせて、行事が開催された県内各地を回ることが定例となりました。

①国立公園大会(七二年より自然公園大会)

厚生省、栃木県、国立公園協会が共催し、一九五九年七月に第一回大会が奥日光で開かれる。毎年七月か八月。皇太子夫妻は六二年の第四回大会(長野県)、六六年の第八回大会(鳥取県)、六八年の第一〇回大会(福島県)、七三年の第一五回大会(熊本県)、七六年の第一八回大会(高知県)、七八年の第二〇回大会(広島県)、八三年の第二五回大会(鹿児島県)、八八年の第三〇回大会（石川県）の開会式に出席。皇太子夫妻が出席しない場合、弟の常陸宮夫妻が出席する場合が多い。

②国民体育大会夏季大会

秋季大会と同じ都道府県で開催される。毎年九月。皇太子夫妻は、一九六二年の第一七回大会（岡山県）から八四年の第三九回大会（奈良県）まで、新潟地震の影響で取りやめになった六四年の第一九回大会（新潟県）と第二子（礼宮文仁親王）の出産を控えて皇太子のみの出席となった六五年の第二〇回大会（岐阜県）を除いて、二人で開会式に出席。八五年は常陸宮夫妻、八六年以降は浩宮徳仁親王が出席。

③国民体育大会冬季大会

毎年一月と二月。スケート競技会（ないしはスケート・アイスホッケー競技会）とスキー競技会からなる。皇太子夫妻は、一九六四年の第一九回スケート競技会（神奈川県）、六七年の第二二回スケート競技会（栃木県）、七〇年の第二五回スケート競技会（長野県）、七二年の第二七回スケート競技会（栃木県）、七四年の第二九回スキー競技会（福島県）、七六年の第三一回スキー競技会（富山県）、八〇年の第三五回スキー競技会（北海道）、八一年の第三六回スケート・アイスホッケー競技会（山梨県）、八四年の第三九回スケート・アイスホッケー競技会（北海道）、八六年の第四一回スケート・アイスホッケー競技会（山梨県）、八七年の第四二回スケート・アイスホッケー競技会(長野県)の各開会式に出席。七三年の第二八回スケート競技会は皇太子夫妻が出席する予定のところ、皇太子が風邪のため常陸宮夫妻が出席。皇太子夫妻が出席しない場合、常陸宮夫妻や高松宮が出席したが、八七年と八八年は浩宮徳仁親王が出席。

④全国高校総合体育大会

毎年七月か八月。全国高等学校体育連盟が主催。皇太子夫妻は、六六年の青森県大会から八八年の兵庫県大会まで、六七年、七〇年、八一年、八六年を除いて開会式に出席。六七年と七〇年は皇族の出席がなく、八一年の神奈川県大会は浩宮徳仁親王が、八六年の山口県大会は皇太子妃の手術直後のため皇太子と紀宮清子内親王が、それぞれ開会式に出席。

⑤全国身体障害者スポーツ大会

毎年一〇月か一一月。厚生省、日本身体障害者スポーツ協会(現・日本障がい者スポーツ協会)、開催地の都道府県などが共催。国民体育大会夏季大会、秋季大会と同じ都道府県で開催される。六四年のパラリンピック東京大会の終了後、同大会の名誉総裁をつとめた皇太子が提案し、六五年に第一回大会が岐阜県で開催された(渡邉允『天皇家の執事 侍従長の十年半』、文藝春秋、二〇〇九年)。皇太子夫妻は、六五年から八七年まで、皇太子が単独で出席した六五年、六八年、六九年を除いて二人で開会式に出席。八八年の第二四回大会(京都府)は浩宮徳仁親王が出席。

⑥献血運動推進全国大会

毎年七月。厚生省、日本赤十字社、都道府県が共催し、六五年に東京都で第一回大会を開催。皇太子夫妻は七四年の第一〇回大会（愛媛県）から八八年の第二四回大会（奈良県）まで、七五年、七九年、八四年を除いて出席。ただし八六年は皇太子妃の手術直後のため皇太子単独で出席。皇太子夫妻が出席しない場合、秩父宮妃や高松宮妃が出席。

⑦全国育樹祭

毎年九月か一〇月か一一月。国土緑化推進委員会（八八年より国土緑化推進機構）及び開催地の都道府県が共催。全国植樹祭を開催したことのある都道府県で行い、全国植樹祭で昭和天皇と香淳皇后が植えた樹木を手入れする。皇太子夫妻は一九七七年の第一回育樹祭（大分県）から八八年の第一二回育樹祭（山形県）まで、毎年欠かさず出席。

⑧全国豊かな海づくり大会

毎年九月か一〇月。一九五七年に皇太子臨席のもとに始まり、皇太子妃も六一年に皇太子とともに出席したことのある放魚祭を先行事例とする。豊かな海づくり推進協会と都道府県の組織する大会実行委員会が主催し、農林水産省が後援。皇太子夫妻は八一年の第一回大会（大分県）から八七年の第七回大会（鹿児島県）まで毎年欠かさず出席。八八年の第八回大会（茨城県）は紀宮清子内親王が出席。

これらの行事はいずれも全都道府県持ち回りですから、皇太子夫妻は必然的に全国各地を回ることになるわけです。行事への出席はあくまでも名目であり、実際には行事が開催された道府県内を広く回り、後に触れる福祉施設や病院をはじめ、道府県庁、市役所、町村役場、博物館、資料館、水族館、会社、学校、神社などを訪れることに重点が置かれています。昭和天皇が戦後巡幸で訪れた炭鉱に代わって、火力発電所や原子力発電所を視察することもあります。沖縄県では戦跡も回っています。

巻末表1に明らかなように、皇太子夫妻の行啓は定例のものだけではありません。一回限りの行事への出席もあります。純粋に地方事情視察だけを目的とする行啓もあります。八七年九月に昭和天皇が手術を受けてからは、天皇の名代として国民体育大会秋季大会や全国植樹祭の開会式にも出席しています。これらの行啓はすべて公式のものですが、それ以外に御用邸や軽井沢の千ヶ滝プリンスホテルのほか、栃木県の日光や新潟県の苗場や静岡県の奥浜名湖など、夫妻だけの、あるいは家族を伴っての私的な旅行もあります。

こうして見ると、昭和天皇と香淳皇后に比べて、皇太子夫妻が地方を訪れる機会がいかに多かったかがわかるでしょう。交通手段は、北海道、東北、新潟、北陸、中国、四国、九州へはしばしば飛行機を利用しています。まだ飛行機が高嶺の花だった一九六二(昭和三七)年に大阪から飛行機に乗り、二人で宮崎県を訪れたことは、六〇年に島津久永《しまづひさなが》と結婚した明仁の妹、貴子の宮崎県への旅行とともに、新婚旅行ブームを生み出しました。

鉄道は天皇、皇后のように一般客の乗れない特別列車を利用することもありましたが、前述したような一般客への影響を最小限に抑えるべく、通常の新幹線ないし国鉄や私鉄の優等列車(特急、急行、準急)に乗るほうが多くなっています。優等列車の走っていないローカル線では、普通列車にも乗っています。また七一年二月九日には、札幌で開業前のゴムタイヤの地下鉄に試乗したほか、八五年五月六日には、都内で初めての地下鉄として、営団地下鉄(現・東京メトロ)半蔵門線と東急新玉川線(現・田園都市線)に紀宮と乗っています(『北海道新聞』七一年二月九日夕刊および『朝日新聞』八五年五月七日夕刊)。

同じ県を三回訪れる天皇夫妻と皇太子夫妻

前述のように、国民体育大会夏季大会、同秋季大会、全国身体障害者スポーツ大会は毎年同じ府県で開催されてきました。このため、一九六六(昭和四一)年から八一年にかけては、皇太子妃がスポーツ大会に出席できなかった六八年、六九年と皇后が秋季大会に出席できなかった七七年、七八年、七九年を除き、九月に皇太子夫妻が、一〇月に天皇夫妻が、一一月にまた皇太子夫妻が、三カ月続けて同じ県を訪れることになりました。

一九六六年の大分県を例に、その実態を見てみましょう。

まず九月一六日から二〇日にかけて、皇太子夫妻が国体夏季大会に合わせて大分市、別府市、臼杵《うすき》市、日田《ひた》市、湯布院町(現・由布市)、宇佐市、中津市を訪問します。次いで一〇月二一日から二七日にかけて、天皇夫妻が国体秋季大会に合わせて大分市、別府市、佐伯《さいき》市、三重町(現・豊後大野市)、湯布院町、日田市を訪問します。最後に一一月四日から六日にかけて、皇太子夫妻が全国身障者スポーツ大会に合わせて別府市と大分市を訪問します(以上の日程は『大分合同新聞』および『昭和天皇実録』による)。

大分市と別府市には、天皇夫妻、皇太子夫妻ともに九月、一〇月、一一月と三回続けて訪れています。湯布院町と日田市には、天皇夫妻、皇太子夫妻ともに九月、一〇月と二回続けて訪れています。臼杵市、宇佐市、中津市には皇太子夫妻が九月に訪れ、佐伯市と三重町には天皇夫妻が一〇月に訪れています。

県内の主要都市には天皇夫妻と皇太子夫妻が訪れ、それ以外の市町もどちらかが訪れることで、短期間に集中して県内をくまなく回っていることがわかります。一〇月には秋季大会に合わせて、高松宮夫妻、秩父宮妃、三笠宮妃も大分県を訪れています。戦前よりも戦後のほうが、天皇や皇族が特定の時期に特定の県を集中的に訪問する機会が多くなっているのです。このことに注意しなければなりません。

2 人々から遠ざかる——行幸啓との共通点

「お立ち台」の設定

一九四六(昭和二一)年から五四年まで、昭和天皇は沖縄県を除く全都道府県を一巡しました。いわゆる戦後巡幸です。

戦後巡幸の途上、天皇は全国各地で府庁、県庁のバルコニーや奉迎場の台座などの「お立ち台」に上がりました。このとき、府庁前、県庁前や旧練兵場や公園や駅前などの広場を埋めつくす何千何万もの人々が、天皇の姿を見上げながらいっせいに万歳を叫びました。戦前の行幸で見られた光景が再現されたわけです。「お立ち台」は、昭和天皇と香淳皇后が国体秋季大会や全国植樹祭で地方を訪れる場合にも設定されました。

この点で皇太子夫妻は、天皇夫妻にならっています。なぜなら巻末表3に掲げたように、行啓でも「お立ち台」が設定されたからです。例えば福島県では、五四年に竣工した県庁本庁舎(現存)の二階バルコニーや三〇年に竣工した郡山市庁舎(現・福島県郡山合同庁舎)の二階バルコニーが「お立ち台」として使われました。

一九六〇年五月一二日、昭和天皇と香淳皇后が福島県庁を訪れ、「二階バルコニー」にお立ちになり、参集の県民に帽子を振ってお応え」になりました(『昭和天皇実録』同日条)。このとき、二万五〇〇〇人が県庁前広場に集まって日の丸の小旗を振り、万歳を叫び、君が代を斉唱しました(『福島民報』六〇年五月一二日夕刊)。六一年五月三一日には皇太子夫妻が同じ場所に立ち、二万人が万歳を叫びました(同、六一年五月三一日夕刊)。六八年七月三一日には再び皇太子夫妻が同じ場所に立ち、約三〇〇〇人が拍手と万歳で奉迎しました(同、六八年八月一日)。

同年八月三日、皇太子夫妻は郡山市役所を訪れ、「二階の正面バルコニーに立たれたお二人は軽く右手を振って市民の歓迎におこたえになった」(同、六八年八月三日夕刊)。このとき市役所前に集まった人数は不明です。七〇年五月二〇日、天皇夫妻が同じ場所に立ち、約三〇〇〇人が万歳を叫んでいます(同、七〇年五月二〇日夕刊)。

以上のように、皇太子夫妻は天皇夫妻と同じ「お立ち台」を使うことで、行幸啓のスタイルを踏襲しています。言い換えれば、天皇と国民が決して同じ目の高さに立たない「昭和」を受け継いでいるわけです。しかし皇太子夫妻の行啓の途上で「お立ち台」が設定されることは、しだいになくなってゆきます。人々から遠ざかるよりも、人々に近づく機会のほうを増やすことに努めていたからです。

八〇年代の「揺り戻し」——提灯奉迎の復活

一九八〇年代になると、八一年三月に各県で結成された「日本を守る県民会議」や、同年一〇月に学界、財界、宗教界、政界を集めて結成された「日本を守る国民会議」に代表されるように、七〇年代の元号法制化運動を受け継ぎつつ、天皇の権威を復活させるための右派団体が次々に結成されます。

昭和天皇が在位して六〇年に当たる八六(昭和六一)年一一月一〇日には、「天皇陛下御在位六十年奉祝委員会」が主催する提灯行列が行われました。『昭和天皇実録』同日条に「夕刻より提灯行列が開催される。その後、これらの参加者が皇居前広場に多数参集につき、午後七時半頃より約十分間、皇居正門鉄橋二重橋にお出ましになり、橋上より手を振ってお応えになる」とあるように、単に提灯をもって練り歩く提灯行列のみならず、戦後初めて皇居前広場で天皇を対象とした提灯奉迎が行われたのです。「日本を守る国民会議」の事務局長だった椛島《かばしま》有三は、この提灯奉迎を目のあたりにして「天皇陛下と日本国民の関係というのは、天皇陛下を国の中心者として仰ぎ、天皇と国民との精神的きずながあって、また国民相互がひとつに結ばれて、まさに君民一体の交流がなされることではないかと思います」と述べています(「日本の国柄を目のあたりにした無二の体験」、『祖国と青年』一九八七年一月号)。

一九八七年五月二二日には、昭和天皇が全国植樹祭に合わせて佐賀県を訪れた際、宿泊したホテルニューオータニ佐賀の前で「天皇陛下を奉迎する県民の会」が企画した提灯奉迎が行われています。「内閣上奏書類のご決裁中の天皇陛下は万歳の声を耳にされると、侍従に提灯を準備するようお命じになり、お部屋の灯を消して午後七時半から約十分間、提灯をお振りになりながらおこたえになった」(『佐賀新聞』八七年五月二三日)。宿泊所の前で提灯奉迎が行われたのは、六〇年一〇月二二日に熊本ホテルキャッスルで見た提灯奉迎を、天皇が「人々のつらなりて振る灯火を窓越しに見るゆく秋の夜に」(『昭和天皇実録』同日条)と詠んで以来のことだったように思われます。

こうした「揺り戻し」は、皇太子夫妻の行啓のスタイルにも波及しました。一九八八年五月二一日、二人が昭和天皇の名代として全国植樹祭に出席するため香川県を訪れた際、宿泊した高松市のホテルで提灯奉迎が行われたのです。「佐賀の場合が先例となり、今回の提灯行列も両殿下のお泊まりになったホテルの前での提灯行列が可能になったという」(「香川県植樹祭行啓レポート」、『祖国と青年』一九八八年七月号所収)。

昭和天皇同様、皇太子夫妻もまたホテルの窓から紅白の提灯を振りました。皇太子夫妻の行啓で提灯奉迎が行われたのは、これが初めてでした。

この提灯奉迎は、行啓途上でしだいに設定されなくなった「お立ち台」が、昭和末期になって新たな形で復活したと見ることもできます。背景には、「昭和」が終わりつつあったことに対する右派の危機感がありました。けれども次節に見るように、「平成」は「昭和」のなかに確実に胚胎していたのです。

3　人々に近づく——行幸啓との相違点

懇談会の開催

ここからは、昭和天皇と香淳皇后の行幸啓にはなかった皇太子夫妻の行啓の特徴につき見てゆきたいと思います。その一つとして、地元の農村、漁村に住む青年男女や学生、辺地や離島の勤務者を対象とする懇談会の開催があります。

懇談会というのは、宿泊場所や公共施設で、たいていは五〜一〇人の地元の代表と一緒に皇太子夫妻が椅子に座り、一時間から二時間かけてそれぞれの地方で起こっているさまざまな問題につき、直接質問したり意見を聞いたりするための会合のことです。出席者は皇太子夫妻よりも若い世代が中心になりました。

昭和天皇と香淳皇后の行幸啓では、知事や市町村長、福祉施設の代表など有力者とはやりとりを交わしましたが、一般の人々とは対話が成立しませんでした。例えば、一九七〇(昭和四五)年五月一九日に福島県猪苗代町の国立磐梯青年の家で八八人の老人と面会したときには、

「老人たちは両陛下にお会い出来るとあって一時間近くも前から正装で緊張した表情でお待ちした。／午前九時半──。両陛下はニコニコした表情で老人らの前をお通りになった。驚くほど静かだ。感激した老人たちはただ深々と頭を下げるだけ」（『福島民報』七〇年五月二〇日）でした。たとえ天皇が声をかけることがあっても、せいぜい「みんながんばって下さいね」「みんな、からだを大事にしてください」（同、七〇年五月二一日夕刊）といった、具体的に誰に向かって発言しているのかわからない、当たり障りのないことしか言いませんでした。

これに対して皇太子夫妻は、行啓のたびに自らの希望で無名の青年たちを集め、一人ひとりと向き合いながらかなり突っ込んだ対話を繰り返してゆきました。皇太子の教育は、対話に苦労した昭和天皇の教育の問題点を踏まえていましたが（瀬畑源「明仁皇太子の教育に関する一考察」、『年報・日本現代史』第九号、二〇〇四年所収）、その成果は行啓の途上でいかんなく発揮されることになるのです。

地方紙や全国紙の地方版に掲載された、六〇年代から七〇年代にかけての主な懇談会を、巻末表４に掲げました。その先駆けとなったのは六二年五月三日に宮崎市の宿泊施設「青島寮」で開かれた懇談会でした。

森暢平によれば、この懇談会は東宮侍従の戸田康英（一九一一～一九七七）が「両殿下は年輩者にとりまかれ、青年と話す機会に恵まれないので、健全な若い人々と話合う機会を作つて欲しい」と依頼したことで実現されました(前掲「香淳皇后と美智子妃の連続と断絶」)。テーマは「日本の農政を現地に聞く」で、一九歳から三〇歳までの青年男女一一人(男性八人、女性三人)が出席し、二時間にわたってやりとりが交わされました。

生々しいやりとり1——宮崎、鹿児島、山口

懇談会でのやりとりの模様は、地元紙の『宮崎日日新聞』をはじめとする多くの新聞に掲載されました。その一部を以下に引用してみます。

殿下　生活改善はどのような点にねらいがありますか。

用皆好子　のんびりした農村の因習や台所の欠点をなおすことに重点をおいています。

妃殿下　仕事の分業とは?……。

用皆　父はシイタケ、私と母は田畑、妹が精米所とそれぞれ仕事を分けて所得を上げています。

妃殿下　青年学級の内容を聞かせてください。

用皆　一般教養、洋裁、それから生産研究など新しい農村の主婦になる勉強をしています。

妃殿下　生活改良普及員はご苦労が多いことでしょう。

高橋芳子　まだ若いので、話がうまくできない面があります。農村のリーダーを個別に育てる仕事なので集金取りとよく間違われます。

妃殿下　ひとりの受け持ちはどのくらいですか。農村の主婦は家計簿を持っていますか。

高橋　千二百戸で、三年間に二百戸の目標でやっています。農家はしゅうとめも田畑を持っているし、サイフを嫁に持たせない家が多い。また祖父母までサイフを持っていますので、家計簿生活はまだまだ先のことです。（『宮崎日日新聞』六二年五月七日）

用皆好子は一九歳で荘内町《そうない》（現・都城市）に住み、農業を営んでいました。高橋芳子は二三歳で日南市に住み、生活改良普及員をしていました。生活改良普及員というのは、農山漁村の生活改善を指導する地方公務員のことです。

ここでも、皇太子や皇太子妃が質問したときに限ってお答えするという暗黙のルールが守られているのがわかります。この点では確かに、完全に自由なやりとりが交わされたわけではありませんでした。しかし、二時間という時間は、当初の緊張感を和らげ、出席者が思ったことを率直に皇太子夫妻に向かって伝えるには十分だったと思われます。

皇太子と若い男性とのやりとり以上に、二七歳の皇太子妃とそれよりも若い女性とのやりとりが大きく掲載されているのも注目すべきでしょう。当時は地方議会に女性議員がほとんどいなかったことを踏まえると、こうしたやりとりが新聞に大きく掲載されること自体が画期的でした。家計簿すら持たされず、家計の主導権を姑や祖父母に握られている農村の若い女性の「声なき声」を皇太子妃がすくい上げ、生活改善運動を後押しする役割を果たしていたことが浮かび上がってきます。

宮崎県に続いて訪れた鹿児島県でも、皇太子夫妻が鹿児島市で宿泊した旅館「岩崎谷荘」で二時間半にわたって懇談会が開催されました。ここでは皇太子と鹿児島大学の学生の間で、次のようなやりとりが交わされました。

奨学資金を借り、アルバイトをしながら大学に通っている鹿大文理学部法律専攻森山道《みち》壮《たけ》君(二二)は、皇太子さまと「学生の考え」についてつっこんだ意見の交換をした。森山君が殿下に「政治、経済問題や身近な恋愛問題などで教授と学生はいつもディスカッションしている」とご説明したところ殿下は「いまどういう討議がさかんですか」とご質問。森山君が「核実験や憲法改正問題などです」とお答えすると、憲法におくわしい殿下は身をのり出すようにして話題は憲法問題に集中した。

とくに第一条(天皇の地位)第九条(戦争放棄)に対する学生たちの意見に、たいへん興味を持たれたごようすだった。森山君は天皇の地位について、「現在の学生は終戦っ子ですから、戦前みたいに皇室を神格視しておりません。若い世代の間では、民主的な皇室を身近なものに感じています」とのべた。殿下もこの問題についてまだお話になりたいごようすだった。(『南日本新聞』六二年五月八日夕刊)

東京では六〇年の安保闘争に象徴されるように、新左翼の学生の活動が盛んでした。皇太子が東京から遠く離れた鹿児島で学生とやりとりを交わした背景には、東京ではできないことをやりたいという思いがあったのかもしれません。

それにしても一体、皇太子は憲法問題につき、どのような「つっこんだ意見の交換」をしたのでしょうか。さすがにそこまでは活字にしなかったわけですが、天皇であれば発言を禁じられているはずの政治的な話題も忌避しなかった様子が伝わってきます。ちなみに森山道壮は後に長崎県佐世保市のテーマパーク「ハウステンボス」の社長となり、二〇〇二(平成一四)年一一月一六日には天皇、皇后がハウステンボスを訪れています。

一九六三年九月には、皇太子夫妻が国民体育大会夏季大会開会式に出席するため、山口県を訪れています。この行啓は、皇太子妃が流産し、長い静養生活から初めて公務に復帰した行啓に当たりました。皇太子妃は宇部ゴルフ観光ホテルで保健婦や栄養士ら三人と単独で二時間近くにわたって懇談したほか、小郡町(現・山口市)の山口県農協会館では皇太子ともども農村青年代表二三人と四〇分にわたって懇談しました。

美智子さまは「農村に女性をおヨメにやりたくないとか、行きたくないという話をききますが、どういうわけでそうなるのか調査したものがありますか」とご質問になり、この原因について青年たちから活発な意見が出た。

そのひとり坂本多旦《かずあき》君(二三)＝阿武郡阿東町徳佐、阿東青少年クラブ会長＝が、「これまでは農村青年たちが自分の経営に合ったヨメを捜そうとしたが、これからは自分がもらおうとするヨメに合わせて経営改善をしていくべきだ」と意見を述べると美智子さまはことのほかお喜びだったという。また宮垣達彦君(二四)＝大津郡三隅町、長門青少年クラブ会長＝が「女を養ってやるという考えがそもそもおかしいのであって、ヨメといっしょに働くのだという考えをもたねばウソだ」と単刀直入にいうとご夫妻とも声を立ててお笑いになるなごやかな一コマもあった。(『防長新聞』六三年九月一八日)

この懇談会は当初、皇太子妃の体調を考慮して三〇分の予定でしたが、一〇分延びました。皇太子妃にとっては、東京を離れ、地方の青年男女と話し合い、どうしたら農村に嫁として女性を迎えられるかを忌憚なく話す男性の意見に「声を立ててお笑いになる」こと自体がリハビりになっていたように思われます。一人で引きこもらず、人々との対話を続けることで危機を乗り越えた皇太子妃は、どこまでも「言葉の人」でした。

生々しいやりとり2――福島、山形

一口に農村といっても、雪に覆われる時期が長く続く東北の農村には、山陽や九州の農村にはない問題がありました。皇太子夫妻が一九六八(昭和四三)年八月三日に訪れた福島県郡山市の福島県農業試験場で開催された懇談会では、次のようなやりとりが交わされました。

氏田愛子「矢吹経営伝習農場を卒業して農業に取り組んでいます」
美智子さま「修業期間は何年で、県内に何カ所あるのですか」(早川部長が詳しく説明)
須藤茂子「西会津町は冬期間雪が深く、農家では出かせぎが多いんです」
皇太子さま「出かせぎの具体的な苦労は――」
須藤「男の人たちが出ていってしまうので、消防隊や雪おろしはほとんど婦人たちです。出かせぎしている人たちも、事故に合うことが多く苦労しています」(『福島民報』六八年八月四日)

氏田愛子は二〇歳で猪苗代町在住、須藤茂子も二〇歳で西会津町在住でした。伝習農場の修業期間は何年で、県内に何カ所あるかという皇太子妃の質問に氏田は答えることができず、司会をしていた福島県農政部長の早川理久が答えています。

福島県でもとりわけ雪の深い会津地方に住む須藤は、農村の働き手である若い男性が冬場に東京に出て行ってしまうため、本来男性がやるべき仕事を女性がやらざるを得ない「出かせぎ」という問題があることを訴えています。皇太子夫妻が雪のない地方だけを訪れていたならば気づかなかったかもしれない問題でした。

同様の問題は、七二年八月一日に皇太子夫妻が宿泊した山形県上山《かみのやま》市の村尾旅館で、夫妻と県の青年代表八人が顔を合わせて開かれた「青年の余暇活動」をテーマとする懇談会でも言及されました。

はじめに、青年代表が自己紹介し、それぞれの立場から、集団活動や余暇活動の問題点、抱負などを述べた。両殿下は、発言者の目をじっと見つめられながら熱心にお聞きになり、「技術交換の集会だと出席率がよく、一般教養の会だと集まらないのはどうしてですか」「出かせぎは今後も続きますか」「リーダーが犠牲になって働くことはありませんか」などとご質問された。

これに対して青年たちは「出かせぎはなくならないと思います」「団体活動が好きだからリーダーをやっているのです」など、ざっくばらんに答えた。はじめ堅くなっていたが、時がたつにつれてうちとけ、とうとう終了予定の九時を三十分近く超過した。

皇太子さまは最後に、情報化社会の青年の行動について「情報が多くなると、自分で判断し、考えて行動することが必要ですね」とおっしゃるとともに、「十年後にまたお会いしたとき、互いの青春に悔いがなかったといえるようにし《マ》努力《マ》ましょうね」と励まされた。

（『山形新聞』七二年八月二日）

このときの懇談会については、七二年八月一〇日に軽井沢の千ヶ滝プリンスホテルで開かれた会見でも話題になりました。

記者　この間、山形で僻地の若い人と話し合われましたが、今の若い人の考え方、ものの見方についてどんな印象を。

皇太子　一部の人で、全体というわけにはいかないが、期待がもてると思います。非常に皆一生懸命にやっています。余暇も十分使いたいが、それもなかなかできないということでしたが、そう思うだけでもいいと思いました。

記者　妃殿下も若い女性とお会いになっていかがでしたか。

美智子妃　いろいろな職業の女性と会いましたが、物事に自分で参加している人が少ない中で、参加していることによって、たえず自分に向き合いながら、一生懸命より良いものを求めていく。理論だけでうわずった人は少なかったと思います。教育ということでしょうか、ものを学ぶことによって、一人一人が傲慢ではなく、謙虚になっていく。実践を通して人の立場を理解することを学んだり、参加して、社会への温かさ、愛情を育てているという印象を持ちました。（前掲『新天皇家の自画像』）

皇太子夫妻が懇談会で見ていたのは、抽象的な「国民」や「みんな」ではなく、顔の見える一人ひとりの個人でした。地元の有力者でない、無名の青年たちとの度重なる懇談会を通して、明仁と美智子は東京と地方の格差、地方ごとの気候や風土の違い、東京と地方の青年の生き方の違いなどを実感していったのです。

皇太子妃の言う「理論だけでうわずった人」が、東京など大都市の学生、もっといえば新左翼の学生を指しているのは明らかでしょう。この会見が開かれたのと同じ七二年の二月には、連合赤軍による「あさま山荘事件」が起こっています。皇太子夫妻は、ただ東京にいてテレビや全国紙を見ているだけではわからない「日本」の姿を、地方の青年のなかに見いだそうとしていたともいえるのです。

懇談会の政治的意味

皇太子夫妻が試みたのは、政治家が地域住民と非公式に直接会い、住民の生活に関わる事項について対等に話し合う対話型集会「タウンミーティング」(Town meeting)に近かったものと思われます。現在も地方自治体や立憲民主党などが定期的に開催しているタウンミーティングは、一九七七年に米国のジミー・カーター大統領が初めて実施しました。日本では七九年に東京都知事の鈴木俊一(一九一〇〜二〇一〇)がカーターにならい、「東京都タウンミーティング」を開催しましたが、皇太子夫妻はそれより一五年以上も前からずっと、同様の集会を全国各地で続けてきたことになります。

国会や地方議会が存在し、自分たちの意見を間接的にしか反映させることのできない戦後の代議制民主主義のもとで、皇太子夫妻は一貫して直接民主制的な対話を続けてきたわけです。女性議員がほとんどいなかったことを踏まえれば、皇太子妃が女性たちの声を吸い上げ、その声が新聞で大きく取り上げられたことの政治的意味は小さくありませんでした。

もちろん皇太子夫妻は政治家ではないので、懇談会で表出した各地方の問題を直ちに解決することができたわけではありません。しかしながら、皇太子夫妻が若い無名の働く男女たちの声を「聞く」だけでも、彼ら彼女らにとっては大きな救いをもたらしたように思われます。しかも、彼ら彼女らの発言は新聞に掲載され、それまで必ずしも明らかでなかった地域のさまざまな問題が可視化されたのです。この点で皇太子夫妻は、政治家以上に影響力を及ぼす主体になっています。

皇太子夫妻と一対一で向き合い、言葉を交わした出席者たちにとって、その体験は決定的な記憶として長く残り続けました。

例えば徳島県では、皇太子夫妻が訪れた一九七一(昭和四六)年八月一日に鳴門市役所で青年代表八人を集めて、二日に徳島市の阿波観光ホテルで辺地勤務者七人を集めて、それぞれ懇談会が開かれましたが、平成になり、天皇、皇后として再び徳島県を訪れた八九年五月になっても、懇談会の出席者は一八年前のことをよく覚えていました。保健婦として出席した井上千寿子は皇太子から「へき地には都会にない、へき地の良さがあるのではないかと思う。ご活躍を祈ります」と最後に言われたことを深く印象にとどめ、時計商として出席した工藤昂宏は「美智子さまと個人的な会話をした感じ」を決して忘れてはいませんでした(『徳島新聞』八九年五月二一日)。

ここには、政府や国会、地方議会などを媒介とせず、皇太子夫妻と国民が直接向き合うことで、自分自身と皇室が一つになっている感覚が確立されています。戦前の行幸や戦後巡幸に見られたように、万単位の臣民や国民と天皇が一体となることで「国体」が視覚化される代わりに、一人ひとりと皇太子夫妻がつながることで、ミクロ化した「国体」がより内面化して刻み込まれているのです。

井上千寿子は、「話が進むうちに、美智子さまが司会の役割をされた」とも述べています(同)。二人で歩くときには皇太子妃が皇太子の一歩後ろに控えていながら、懇談会では皇太子妃の方が主導権を握っていた様子が伝わってきます。

管見の限り、地元の青年男女とのテーブルを囲んだ懇談会が開かれたのは一九七七年が最後で、七八年からは双方が立ちながらの懇談に変わりました。例えば七八年一〇月六日付の『秋田魁《さきがけ》新報』には、「秋田いこいの村」の多目的ホールで開かれた農業青年一五人との懇談に関する記事が出ていますが、写真を見ると皇太子夫妻も青年たちも立っています。懇談会のスタイルそのものは七八年以降も続いたものの、出席者が無名の青年男女から団体代表や福祉施設の代表や国民体育大会の大会役員や文化人などの地元有力者に変わり、タウンミーティングとしての機能を失ってゆきました。

福祉施設への訪問

皇太子夫妻が行啓の途上で最も多く訪れたのが、福祉施設でした。元侍従長の渡邉允は、二〇〇九年に「両陛下は、ご成婚直後から、国内の各地を訪ねられるとき、できる限り、その地域の老人ホームや障害者施設、保育所などの福祉施設を訪ねられ」たと述べています(前掲『天皇家の執事』)。

明治以降の皇室の歩みを簡単に振り返ってみると、明治初期の六大巡幸では天皇が病院を訪問したこともありましたが、明治中期以降、天皇はもっぱら政治的軍事的シンボルになり、戦争に伴い戦傷兵が収容された病院を慰問したり、ハンセン病患者や結核患者を手厚く保護したりすることは皇后をはじめとする女性皇族の役割とされました。

敗戦とそれに続く占領により、このような天皇と皇后の役割分担は維持できなくなります。戦後巡幸の途上、天皇は病院や戦災孤児の施設などを積極的に回り、皇后化することでイメージの転換を図りました。占領期には香淳皇后とともに都内の社会事業施設を訪れています。国民体育大会秋季大会や全国植樹祭に合わせての定例の行幸啓でも、福祉施設の訪問がスケジュールに組み込まれるようになります。

この点では確かに、皇太子夫妻は昭和天皇と香淳皇后を受け継いでいます。しかし皇太子夫妻は、天皇夫妻よりもはるかに多くの福祉施設を訪れたばかりか、施設内ではただ人々の前を通り過ぎるのではなく、時間をかけて一人ひとりに声をかけた点で、昭和天皇と香淳皇后とは決定的に異なっていました。

初めての本格的な地方視察に当たる一九六一(昭和三六)年三月の長野県行啓で、すでにその特徴が現れていました。三月二七日、皇太子夫妻が穂高町(現・安曇野市)の養護老人ホーム「安曇寮」を訪れたときの模様を、地元紙が詳しく報道しています。

南安曇穂高町の安曇寮にお着きになったお二人は、寮内の各へや(十五室)に正座してお迎えした老人たちを三十分にわたりなぐさめられた。〝百合の間〟では、お二人そろってへやにはいられ、美智子さまは、タタミにヒザをおろし、室内の鈴木まさえさん(六八)中村たつさん(七三)らと顔をよせるようにして「ここへきて何年になります。町へもときどきは出かけますか」などご質問。耳の遠い老人たちがぽつぽつお答えすることばに、やさしくうなずいておられた。かたわらから皇太子さまが「寒くはない?…」と質問されると「おかげ様で、不自由なく暮らしています」と老人たちはすっかり感激。(『信濃毎日新聞』六一年三月二八日)

このとき早くも皇太子妃は、「タタミにヒザをおろし」「顔をよせるようにして」声をかけていたのです。新聞に掲載された写真を見ても、皇太子が立っていたのに対して、皇太子妃はひざまずいて声をかけている様子が伝わってきます(写真2参照)。

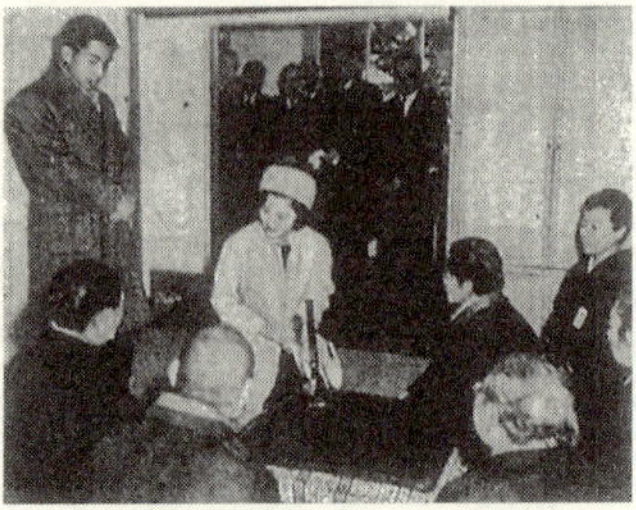

写真 2　安曇寮での皇太子と皇太子妃（『信濃毎日新聞』1961 年 3 月 28 日）

河西秀哉は、新聞の写真を手掛かりとしながら、「美智子妃は福祉の公務を行う際、相手との距離を縮めるように配慮しており、積極的に手を握ってもいる」と指摘し、「福祉活動については、美智子妃が非常に熱心だったと思われる」としています（前掲「美智子皇后論」）。皇太子が提案して一九六五年から始まった全国身体障害者スポーツ大会も、正確にいえば皇太子妃が六〇年に開催されたローマパラリンピックに共感して皇太子に話したことが、そもそものきっかけでした（同）。

こうした皇太子妃の姿勢の背景には、幼少期から慣れ親しんできたカトリックの教義があったように思われます。皇太子夫妻はカトリックの団体が経営する各地の福祉施設を訪れたほか、皇太子妃だけでカトリックの学校や施設を訪れる場合もありました。七〇年一〇月一四日には、カトリックの修道女会「聖心愛子《せいしんあいし》会《かい》」（現・聖心《みこころ》の布教姉妹会）が経営する神奈川県藤沢市の聖園《みその》女学院を単独で訪れています（この行啓については、原武史「『線』の思考1　小田急江ノ島線とカトリック」、『小説新潮』二〇一八年六月号所収を参照）。また七二年二月一二日には、皇太子妃が中学から大学まで通った聖心女子学院が運営する札幌聖心女子学院を単独で訪れています（『北海道新聞』七二年二月一三日)。

皇太子妃に感化される皇太子

皇太子妃の主導により、昭和天皇や皇太后良子《ながこ》(香淳皇后)が訪れなかった施設にも、皇太子夫妻は積極的に足を運ぶようになります。

その一つが、ハンセン病の施設でした。貞明皇后は皇太后になるとハンセン病患者支援のために多額の御下賜金を寄付しましたが、国が進める隔離政策にお墨付きを与える役割を果たし、施設の前を通り過ぎることはあっても、施設のなかに立ち入ることはありませんでした。この点では香淳皇后も同様でした。

一方、皇太子妃は一九六五年一〇月から岡山県のハンセン病療養所、長島愛生園に通っていた精神科医の神谷美恵子(一九一四〜一九七九)と定期的に会うようになり、神谷が著した『生きがいについて』(みすず書房、一九六六年)や、神谷が持参した長島愛生園の月刊誌『愛生』を読むようになります(宮原安春『神谷美恵子　聖なる声』、講談社、一九九七年)。皇太子夫妻が六八年四月に鹿児島県の奄美和光園を訪れ、約一時間にわたって約二五〇人の患者を見舞って以来、全国各地のハンセン病施設を精力的に訪れるようになる背景には、皇太子妃のハンセン病に対するただならぬ関心があったと思われます(なお七二年には昭和天皇と香淳皇后も奄美和光園を訪れています)。

もう一つが、重症心身障害児のための施設でした。二〇〇一年の誕生日に際して、皇后美智子はこう述べています。

昭和三六年に、日本で初めての重症心身障害児施設「島田療育園」が民間人の手によって興されました。私が出産後初めて公務として日赤の乳児院を訪れた時、小児科医として障害児を診ておられた小林堤樹《ていじゅ》教授が初代の園長となられ、その後も長く困難な道を、園と共に歩まれました。日本ではこれに引き続き、昭和三七年に「秋津療育園」が、三八年には「びわこ学園」が、同じ目標をもって誕生しています。私が三人の子どもの母として過ごした時期が、これらの施設の揺籃期と重なっており、無関心であることは出来ませんでした。(宮内庁ホームページ)

ここには、自らも子供を育てる母親として、いかなる子供であろうと分け隔てなく愛情を注がなければならないという強い使命感のようなものが感じられます。おそらく皇太子妃は、前述のような懇談会に呼ばれる人々はあくまでも国民のなかの一部に過ぎず、懇談会に呼ばれることの決してない無数の人々がその背後にいることを自覚していたでしょう。老若男女を問わず、そうした人々に一人でも多く近づき、同じ目の高さで話しかけることを心掛けていたように思われます。六八年二月二日には、単独で東京都南多摩郡多摩町(現・多摩市)の島田療育園(現・島田療育センター)を訪れています。

このような皇太子妃の態度に、皇太子もしだいに感化されてゆきます。六九年八月二日、皇太子夫妻は群馬県高崎市の肢体不自由児療護施設「群馬整肢療護園」を訪れましたが、「重症の園児たちがぎこちない手で絵を描いているへやでは、皇太子さまはこどものところにヒザをおつきになって励ましのおことばをかけ」ました(『上毛新聞』六九年八月三日)。七五年一二月一八日には静岡県清水市(現・静岡市清水区)の養護老人ホーム「松風荘」で二人並んで腰をかがめ、流木をみがく作業をしている老人に言葉をかけました(『静岡新聞』七五年一二月一九日。写真3参照)。七六年七月一四日には岐阜市の肢体不自由児施設「岐阜県立整肢学園」(現・岐阜県立希望が丘こども医療福祉センター)で皇太子が膝を折り、子供に言葉をかけています(『岐阜日日新聞』七六年七月一五日。写真4参照)。

写真3　ひざまずいて流木みがきの作業を眺める皇太子と皇太子妃(『静岡新聞』1975年12月19日)

行幸啓の途上、天皇明仁と皇后美智子がともに膝をつき、一人ひとりに向かって語りかける「平成流」と呼ばれるスタイルは、美智子妃が主導する形で、昭和期の行啓のなかにすでに芽生えていたのです。

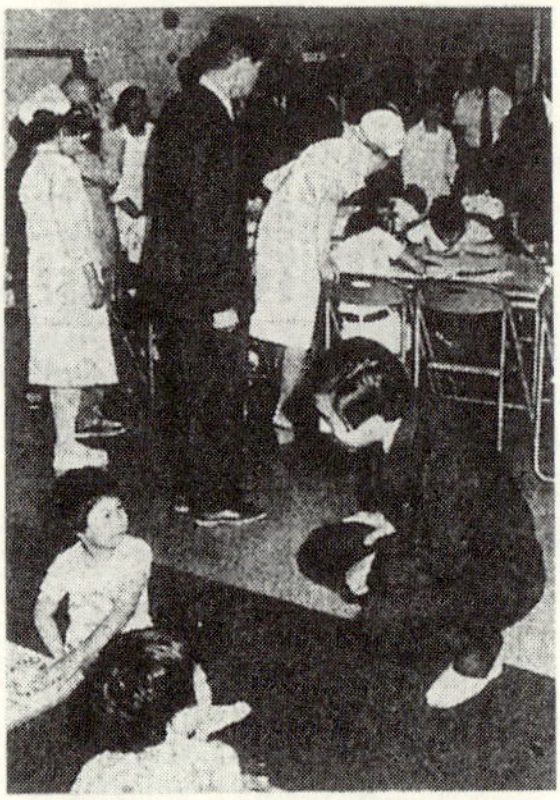

写真4　ひざまずいて子供に声をかける皇太子(『岐阜日日新聞』1976年7月15日)

列車内での姿勢

一九六一(昭和三六)年一〇月一四日、皇太子夫妻は京都から富山県の高岡まで、東海道本線と北陸本線を経由する特急「白鳥」に乗りました。列車が富山県に入ってからの皇太子妃の様子につき、『北日本新聞』同日夕刊はこう報じています。

美智子さまは沿道(線)の小学生たちに一々手を振っておこたえになった。石動《いするぎ》駅を通過するころには歓迎の人波もぐんと多くなり、美智子さまはお席を左側にお移しになって、日の丸の旗を振って歓迎する小学生たちに終始笑顔でおこたえになっていた。

お召し列車に乗る昭和天皇や香淳皇后の場合、特別に製造された「御料車」の席に座り、沿線で「奉迎」を受ける場合が多かったのに対して、皇太子妃は沿線に集まった小学生たちに窓から手を振っていたことがわかります。しかも途中からは、対向列車が走る線路に邪魔されない左側に移り、線路端に詰めかけた小学生に近づこうとしています。

皇太子が皇太子妃のすぐ横に立ち、窓に向かって手を振る写真も掲げられているとはいえ、具体的に車内でどうしていたかに関する記事はありません。少なくとも皇太子妃は、初期の行啓から平成の行幸啓に通じる姿勢を見せていたのです。

七二年八月に山形県の新庄から酒田まで、陸羽西線と羽越本線を経由する急行「もがみ」に乗ったときには、「両殿下はその〔沿線で人が見える〕つど、人のいる方へと寄せられ、開け放った窓から手を振られ」(『山形新聞』七二年八月四日)ました。また七四年七月に愛媛県の松山から宇和島まで、予讃本線を経由して急行「うわじま6号」に乗ったときにも、「ご夫妻はほとんどお立ちになったままで左右の窓から人波の歓迎にこたえられ、時には開けたままの窓から身を乗り出して手を振られ」(『愛媛新聞』七四年七月一八日)ました。

このころになると、皇太子夫妻が車内に立ち、開け放った窓から一緒に沿線の人々に向かって手を振っていたことがわかります。これもまた皇太子妃が率先して始めたスタイルを、二人一緒に行うようになったのかもしれません。

国鉄の急行列車や普通列車は窓を自由に開けることができたため、窓の開かない新幹線や特急列車よりもむしろ都合がよかったのです。けれどもこうしたスタイルは、ダイヤ改正のたびに急行が減り、新幹線や特急での行啓が増えるにつれ、しだいに維持されなくなりました。

被災地への訪問

初めての本格的な地方視察に当たる一九六一年三月の長野県行啓では、皇太子夫妻が福祉施設だけでなく、被災地も訪れています。五九年八月の台風7号と同年九月の伊勢湾台風で千曲川が氾濫した小県《ちいさがた》郡長門町（現・長和町）を、三月三〇日に二人で訪れたのです。

小県長門町では、約二千人が河原やていぼうでお迎えした。古町橋で車をおりられ、伊勢湾台風で被害をうけた同町の災害地やお迎えの被災者など地元民を見舞われた。小林長門町長の復旧状況などの説明をおききになり、美智子さまは「同じ年に二度も大きな災害をうけてたいへんだったでしょう」とねぎらいのことばをかけていた。また皇太子さまも「洪水でていぼうが切れても、逃げるところがありますか」と心配そうにきかれていた。

（『信濃毎日新聞』一九六一年三月三一日）

これもまた「平成流」の先駆けと言えるかもしれません。けれどもこの記事では、皇太子夫妻と町長のやりとりだけが触れられています。滞在時間が一〇分しかなかったことを踏まえると、被災者との直接の対話はなかったと思われます。

皇太子夫妻は六八年三月二八日、名古屋市の名古屋港と日光川水閘門《すいこうもん》を訪れ、五九年に皇太子が視察した伊勢湾台風からの復旧現場を見学しています(『中日新聞』六八年三月二九日)。六九年八月二六日には長野県飯田市の天竜川沿いを訪れ、六一年の豪雨災害からの復旧現場を見学しています(『信濃毎日新聞』六九年八月二六日夕刊)。いずれも市長とのやりとりだけが新聞に掲載されています。七六年一一月八日には同年八月の水害で冠水した佐賀県鹿島市の被災地を訪れ、市長から話を聞いて「お車に戻られる前に人がきの前にお進みになり、地元の区長や子供に『大変だったね。がんばってください』と励ましのお言葉をかけられ」(『佐賀新聞』七六年一一月九日)ましたが、それも車に戻るまでのつかの間の出来事だったと思われます。

こうした状況が大きく変わったのは、八六年一一月二九日に伊豆大島・三原山噴火の被災者が収容された千代田区の体育館を訪れたときでした。それまでは夫妻で被災地を訪れるとはいっても、災害から一定の期間が過ぎ、復旧しつつある状況を見学することが目的でした。ところが今回、二人が動いたのは、噴火が始まってわずか二週間後でした。二人は膝をつき、同じ目線で被災者の一人ひとりに声をかけるという、福祉施設で実践してきたスタイルを、初めて被災者に対しても実践したのです(前掲『祈りの旅』)。

写真5　皇太子妃の服装（『南日本新聞』1962年5月8日）

理想の夫婦の演出

一九六二（昭和三七）年五月の宮崎、鹿児島、熊本三県への行啓を分析した森暢平は、「美智子妃の服装は黒やグレーが基本で、アクセサリーも地味であった」とし、「憧れの意識は薄れていく兆候があった」と述べています（前掲「香淳皇后と美智子妃の連続と断絶」）。しかしこの行啓を報じる『南日本新聞』には、「純白のアフターヌーン」「女学生みたいなセーラー」「ウィングカラーのダスターコート」といった、日に日にめまぐるしく変わる皇太子妃の服装を写真入りで解説しています（六二年五月八日。写真5参照）。

七四年の七月から八月にかけて皇太子夫妻が福岡県を訪れたときには、『西日本新聞』がもっぱら皇太子妃の服装だけに着目した囲み記事を写真入りで連載しています。七六年七月と九月に二人が岐阜県と佐賀県を訪れたときにも、『岐阜日日新聞』と『佐賀新聞』がそれぞれ「プリンセスのファッション」「美智子さまのファッション」と題する囲み記事を写真入りで連

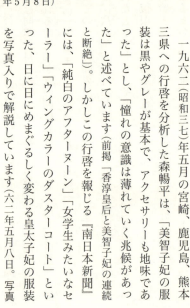

載しています。どの地方を訪れても、皇太子妃のファッションは常に関心の的であり、女性たちが憧れのまなざしを注いでいたのがわかります。

しかし他方、二人は仲睦まじい夫婦像を演出してもいました。恋愛結婚によって結ばれた夫婦にふさわしく、行啓を報じる地方紙には二人が手を取り合う写真がしばしば掲載されました(『中国新聞』六八年七月二七日、『福島民報』六八年八月一日夕刊、『北海道新聞』七一年二月八日など)。また皇太子妃が実の母親のように子供をあやしたり話しかけたりする写真もたびたび掲載されました(『宮崎日日新聞』六二年五月四日、『南日本新聞』七二年一一月一一日、『岐阜日日新聞』七六年七月二五日など)。

マイホーム主義に対する批判

皇太子明仁と皇太子妃美智子は、皇室の歴史のなかで初めて完全な親子の同居を実現させました。東宮御所は、皇太子夫妻が三人の子供たち(浩宮徳仁親王、礼宮文仁親王、紀宮清子内親王)を直接育てるマイホームになったのです。このため夫妻は、子供たちを留守番にさせざるを得ない公式の行啓とは別に、御用邸や軽井沢の千ヶ滝プリンスホテルに子供たちを同伴したり、子供たちのための私的な家族旅行を企画したりしました。

一九六四年三月二二日から二四日にかけて、皇太子夫妻は四歳になったばかりの浩宮を連れて千葉県の南房総を家族旅行しました。しかし館山市内だけでも一〇万人が迎え、沿道では日の丸の小旗が振られるなど、実態は公式の行啓と変わりませんでした(『千葉日報』六四年三月二三日)。いかにして一般の家族と変わらない体験を子供たちにさせるかが、皇太子夫妻にとっての課題になってゆくのです。

六八年から七八年まで、皇太子夫妻は子供たちとともに奥浜名湖に面した静岡県細江町(現・浜松市北区)の一般企業の保養所「平野社団保養所」でたびたび夏の数日間を過ごし、水泳、和船乗り、定置網漁、ホタル狩り、七夕祭り、花火などを楽しんでいます。御用邸や千ケ滝プリンスホテルとは異なり、この保養所は木造平屋の和風建築で、床面積は一三六・三六平方メートルしかありませんでした。滞在中には浩宮や礼宮が近くの小学校でソフトボールの試合に加わるなど、子供たちに普通の体験をさせることに重点がおかれました(原武史「地形の思想史01〜02『岬』とファミリー(上)(下)」、『本の旅人』二〇一八年七月号及び八月号所収)。

六五年五月五日に横浜市と東京都町田市にまたがる陸軍田奈弾薬庫補給廠跡の丘陵地に開園した「こどもの国」も、五九年の結婚の際に全国からお祝いが寄せられたことに対して、子供たちのためになる施設をつくってほしいという皇太子夫妻の願いに基づくものでした。皇太子夫妻は計画の段階から「牧場をつくってはどうか」などと意見を述べ、工事現場を二度視察し、五月五日の開園式には皇太子が出席しています。六六年には皇太子妃と浩宮が、六八年には皇太子妃と浩宮、礼宮が、七二年には皇太子一家が来園しています（『こどもの国三十年史』、社会福祉法人こどもの国協会、一九九六年）。

この当時、夫婦と子供だけの核家族のための住宅として、団地やニュータウンが次々に建設されていました。皇太子夫妻は、六〇年九月に東京都のひばりが丘団地と武蔵野緑町団地を、六八年三月に大阪府の千里ニュータウンを訪れています。こうした行動もまた、皇太子夫妻が新たな家族のシンボルになっていることを印象づけました（原武史『団地の空間政治学』、NHKブックス、二〇一二年）。

皇太子夫妻のマイホーム主義に対しては、元学友の藤島泰輔が「私はせめて日本の皇室だけは、マイ・ホーム天皇制の形を国民の前にお出しにならないでいただきたいと感じているものであります。もしも現在のような、いささか演出されたマイ・ホーム天皇制の形が続くようですと、私たち、天皇制が日本にとって絶対必要であると信じている者にとっては、心の拠り処がなくなってしまいそうです」「元首の一家が民間のレベルまで降りてくるという考え方は、共和国の考え方であります」と批判しました（藤島泰輔『天皇・青年・死　三島由紀夫をめぐって』、日本教文社、一九七三年）。あまりにも人々に近づきすぎると、共和制と変わらなくなってしまうとしたのです。こうした右派からの批判が、前述した八〇年代の「揺り戻し」につながっていることは想像に難くありません。

4　戦争に向き合う――広島・長崎・沖縄

広島と長崎への初訪問

皇太子は結婚の翌年に当たる一九六〇（昭和三五）年八月六日に広島の平和記念式典に出席し、同日に広島原爆病院（現・広島赤十字・原爆病院）と広島湾に浮かぶ似島《にのしま》を、七日に原爆資料館を訪れましたが、皇太子妃は同行しませんでした。似島は原爆投下後に約一万人の被爆者が運び込まれた島で、皇太子が初めて訪れた島でもありました。「おことば」で言うところの「島々への旅」は、まさにこの島から始まったのです。

皇太子と皇太子妃が二人で広島県を訪れたのは、六八年七月が初めてでした。七月二六日に原爆資料館を、二八日に広島原爆病院を訪れています。翌六九年九月には二人で初めて長崎県を訪問、九月七日に長崎国際文化会館内の原爆資料展示室（現・長崎原爆資料館）を、九月九日に長崎原爆病院を訪れています。

昭和天皇と香淳皇后は、六一年四月と六九年一〇月に長崎県を、五一年一〇月と七一年四月に広島県を二人で訪れています。六一年四月二三日には原爆資料展示室を、翌二四日には長崎原爆病院を、七一年四月一六日には広島市の原爆死没者慰霊碑と原爆養護ホームをそれぞれ訪れています。昭和天皇は、七四年以降の八月六日と七六年以降の八月九日には、外出を控えて謹慎することが多くなります(『昭和天皇実録』による)。

しかし天皇と皇后が、広島市の原爆資料館や原爆病院を訪れることはありませんでした。七五年一〇月三一日の記者会見で、広島への原爆投下の事実をどのように受け止めているのかという質問に対して、天皇は「戦争中であることだから、広島市民に対しては気の毒であるが、やむを得ないことと思う」と答えています(『昭和天皇実録』同日条)。

一方、皇太子夫妻は六二年一一月に太平洋戦争末期の激戦地だったフィリピンを自ら希望して訪れ、戦争孤児や戦争未亡人を激励するなど、早くから天皇夫妻とは違った姿勢で戦争に向き合おうとしてきました(河西秀哉『明仁天皇と戦後日本』、洋泉社歴史新書、二〇一六年)。二人で広島市の原爆資料館を訪れたのもそうした姿勢の一環でしたが、とりわけ皇太子妃は大きな衝撃を受けたようです。

美智子妃は資料館を初めてご覧になり、お悲しみの表情がうかがえた。無残なケロイドの人体写真や焼けただれた破片の展示物には、しばしば目を伏せられがち。特に勤労奉仕中に被爆した動員学徒の勉強時間表や五十銭札などの遺品にしばらく目を止められ、深い同情と心痛のご様子だった。このあと両殿下は市内黄金山の展望台へお立ちになったが、資料館の印象がよほどショックだったらしく「よくここまで復興したものですね」と、原爆の惨禍と現在の復興ぶりを比べておられるようだった。(『中国新聞』六八年七月二七日)

同様の体験を、皇太子夫妻は長崎市の原爆展示資料室でもすることになります。

原爆資料室では、原爆でくずれ落ちた浦上天主堂の石像、その他多くの資料をご覧になり、諸谷〔義武〕市長の説明にいちいちうなずかれた。原爆の放射熱で焼けたはだ着が殿下のお目にとまり、「いま、家族はどうしていますか」。また妃殿下は「当時の学童は疎開していたのですか」と、被爆者に深い同情を示され、同市長らを感激させた。「妹が家の下敷きになって泣きくるっていた。水兵さんもダメだといって、行ってしまった」――資料室に掲げられた被爆児童(当時十歳)の萩野美智子さんの詩を諸谷市長が読みあげると、とくに美智子さまは悲しみの表情を浮かべられ、お顔をじっと伏せられていた。(『長崎新聞』六九年九月八日)

広島、長崎の原爆病院で一人ひとりの被爆者と対話した体験とあいまって、皇太子夫妻の広島、長崎の原爆被害に対する認識は天皇夫妻よりもはるかに具体的で生々しいものだったと思われます。幼少期に戦争を体験したはずなのに、実際には何もわかっていなかったという思いが込み上げてきたのかもしれません。

沖縄の南部戦跡訪問

皇太子は一九七五年に本土復帰記念事業として行われた沖縄国際海洋博覧会の名誉総裁に就任し、妃とともに七月の開会式に出席することになりました。当初の訪問予定は博覧会会場だけでしたが、自らの希望で沖縄戦の激戦地だった糸満市の南部戦跡訪問が組み込まれました(前掲『明仁天皇と戦後日本』)。

皇太子夫妻の初めての沖縄県行啓をめぐって、県民の反応は賛成と反対の二派に大きく分かれました。「ご夫妻のお通りになる沿道は、日の丸を手にした歓迎人でごったがえした。しかし、一方では来沖に反対する労組、民主団体が抗議集会、デモ行進を展開『皇太子来沖のもつ政治的意図』を指摘して厳しく糾弾した」(『沖縄タイムス』七五年七月一八日)。「皇太子来沖反対」の立て看板は、「沖縄県庁」の文字が刻まれた沖縄県庁第一庁舎の玄関にまで立てられました(同、七五年七月一七日)。

本土でも、七〇年一〇月一二日に予定されていた東京都小平市の職業訓練大学校(現・職業能力開発総合大学校)への行啓が、学生の有志による反対運動によって中止されたことがありました（『毎日新聞』七〇年一〇月一二日夕刊）。七二年一月六日には、皇太子夫妻が栃木県日光市の東武日光駅に到着したとき、革命思想に影響を受けた高校三年生の少年が皇太子妃に飛びかかろうとして、皇宮護衛官に取り押さえられています（『朝日新聞』七二年一月七日）。しかし、沖縄に匹敵する反対運動が本土で起こったことはありませんでした。

七五年七月一七日、皇太子夫妻は看護要員として動員され、沖縄戦で亡くなった「ひめゆり学徒隊」の慰霊碑「ひめゆりの塔」を訪れました。このとき、新左翼系の過激派が火炎瓶を投げ付ける事件が発生しています。那覇市の二四歳の会社員は、「沖縄にとってこれまで皇室は縁遠い存在だったが、海洋博をきっかけに皇太子が来沖したことはある意味で天皇制を県民に押しつけるものである。火炎ビン事件についても私としては支持したい」と話しました（『沖縄タイムス』七五年七月一八日）。過激派の活動は決して孤立していたわけではなく、反対派の市民の支持をある程度得ていたのです。

このことは、皇太子もわかっていたようです。七五年八月二六日の会見で、こう述べているからです。

本土と沖縄は、戦争に対する受けとめ方が違う。やはり、太平洋戦争の激戦地であり、民間人を含めて多数の犠牲者が出ました。本土では、空襲があっても、疎開という逃げ道があります。沖縄でも疎開した例はあるが、それはごく少数でした。火炎びん事件や熱烈に歓迎してくれる人達――こうした状況は、分析するというものではなく、それをあるがままのものとして受けとめるべきだと思う。（前掲『新天皇家の自画像』）

行啓に反対する県民が少なくないという現実を現実として受けとめた上で、「気持ちとしては、また行ってみたい」（同）と言っています。

その言葉を裏付けるように、皇太子夫妻は七六年一月の沖縄国際海洋博覧会の閉会式に合わせて、沖縄戦の激戦地だった伊江島や今帰仁《なきじん》城跡などを訪問しています。八一年八月七日の会見で、皇太子は「日本では、どうしても記憶しなければならないことが四つあると思います。（終戦記念日と）昨日の広島の原爆、それから明後日の長崎の原爆の日、そして6月23日の沖縄の戦いの終結の日、この日には黙とうを捧げて、今のようなこと〔多くの犠牲者とその遺族のこと――引用者注〕を考えています」と述べています（同）。黙禱を捧げる日として、八月六日や八月九日のほかに、沖縄戦の組織的戦闘が終結した六月二三日に言及することで、昭和天皇との違いを鮮明にしたわけです。また八三年七月には、那覇市で開かれた献血運動推進全国大会に合わせて、再びひめゆりの塔をはじめとする糸満市の南部戦跡を二人で訪れています。

写真6　昭和天皇の沖縄訪問に反対する全面広告(『琉球新報』1987年10月22日)

しかし、沖縄県民の反対運動がやむことはありませんでした。八七年一〇月には、膵臓ガンが見つかった昭和天皇の名代として、皇太子夫妻が読谷《よみたん》村で開かれた国民体育大会秋季大会の開会式に出席しましたが、『琉球新報』同年一〇月二二日には反対派の全面広告が掲載されました(写真6参照)。「戦場《いくさば》ぬ哀《あわ》り　忘てぃ忘らりみ　肝心《ちむ》にうみ染《す》みり　命《ぬち》どぅ宝《たから》」(戦場の哀しさは忘れたくても忘れられず、心のなかに染みわたっている。命こそが宝だ)という沖縄方言での抗議が記されるとともに、悪霊を祓う魔よけの獣「シーサー」を大きく描いたこの広告は、行啓に反対し、天皇の戦争責任を追及しようとする人々が沖縄県では依然として少なくないことを強く印象づけました。

「未来」と「過去」のはざまで

皇太子明仁と皇太子妃美智子は、一九五九年四月に結婚してから八九年一月の昭和天皇死去に伴い天皇と皇后に即位するまでの約三〇年間で、すべての都道府県を回りました。しかも山口県、高知県、佐賀県を除いて二回以上二人で訪問しています。

度重なる行啓を通して、皇太子夫妻は「遅れた」地方に「進んだ」東京の風を送り込みました。それは恋愛結婚であり、洗練されたファッションであり、子供の数が少ない核家族であり、標準語であり、高級車であり、医療などの近代思想でした。インフラの整備が遅れていた地方では、皇太子夫妻の訪問をきっかけとして道路がつくられたり、舗装されたりすることも珍しくありませんでした。この点に関する限り、二人の行啓は鉄道の開通や電気の点灯などとセットになった皇太子嘉仁(大正天皇)の行啓と似ていました(前掲『大正天皇』)。地方の人々にとって、東京から来た皇太子夫妻は、地方が進むべき輝かしい「未来」を映し出していたのです。

昭和天皇や香淳皇后とは異なり、皇太子夫妻は自分たちから人々に近づき、同じ目の高さで語りかけるスタイルを結婚直後から追求してきました。六二年五月三日に宮崎県延岡市で二人を迎えた木村てるは、「週刊誌や新聞などで美智子さまのいろんなポーズを見てきましたが、何か遠い、高い、手の届かないところにおられるような感じがしていました。それがこうして延岡の町でお目にかかることができたのですから…。美しさの中にも何か身近なところの人のような感じがしてビックリしたくらいです」と話しています(『宮崎日日新聞』同年五月四日)。多くの地方の人々にとって、はるか遠くにあるように見えた「未来」は、手の届きそうなところにあるととらえられたのです。

しかし他方、皇太子明仁は「開戦の詔勅」(「米国及ビ英国ニ対スル宣戦ノ詔書」)を発した天皇の長男として、戦争という「過去」に向き合わざるを得ない立場にありました。とりわけ唯一の地上戦が行われた沖縄県では、昭和天皇が戦争責任を果たしていないことや、戦後もなお昭和天皇が米軍による沖縄占領の継続を希望するメッセージを送っていたことに対する反発が、他の都道府県とは異なる強度でくすぶり続けたのです。「天皇制と沖縄」という、昭和天皇が解決できなかった問題は、明仁と美智子にとって、平成になってからの重い課題として残ることになります。

第3章　「平成」の完成——過去編2

1　昭和からの継続

三大行幸啓と福祉施設訪問

前章では、主に明仁と美智子の皇太子(妃)時代の全国各地への行啓を考察することを通して、昭和の約三〇年間でいかにして「平成」が胚胎したかを探りました。本章ではこれを受けて、天皇、皇后時代の全国各地への行幸啓を分析の対象とし、平成の約三〇年間でいかにして「平成」が完成したかを探りたいと思います。

明仁と美智子は、天皇と皇后になると、昭和天皇と香淳皇后が臨席していた全国植樹祭と国民体育大会秋季大会(二〇〇六年から夏季大会と統合され、本大会となる)に臨席したほか、皇太子(妃)時代から引き続いて全国豊かな海づくり大会に臨席します。これらは合わせて「三大行幸啓」と呼ばれるようになります。その一方、皇太子(妃)時代に臨席していた国民体育大会冬季大会、献血運動推進全国大会、全国高校総合体育大会、全国育樹祭、自然公園大会は皇太子(または皇太子夫妻)が、国民体育大会夏季大会は秋篠宮(または秋篠宮夫妻、眞子内親王)が継承するようになります。全国身体障害者スポーツ大会も、一九八九(平成元)年だけは天皇と皇后が臨席しましたが、翌年からは皇太子(または皇太子夫妻)が継承しています。

二人は決して毎年都道府県の持ち回りで開かれる行事に出ていただけではありません。行事が開かれた都道府県ないしは隣県にある福祉施設を必ず訪問しているからです。そのスタイルは、平成になっても全く変わっていません。平成初の地方行幸啓に当たる八九年五月の徳島県行幸啓では、県立神山森林公園で開かれた全国植樹祭に臨席する前日に板野町の県立板野養護学校を訪れ、子どもたちに話しかけたり、重症の子どもたちの前でひざまずいて激励したりしています（『徳島新聞』八九年五月二一日。写真7参照）。

写真7　「元気で頑張って下さい」と子供たちに声をかける天皇，皇后（『徳島新聞』1989年5月21日）

さらに二〇〇二年からは、こどもの日にちなんで保育施設や小学校を、敬老の日にちなんで高齢者施設を一四年まで毎年訪問しています。また二〇〇五年からは、一二月三日から九日までの「障害者週間」の前後に障害者施設を毎年訪問しています（冨永望「柔らかな『統合』の形」、前掲『平成の天皇制とは何か』所収）。ただし一三年五月に全国植樹祭が開かれた鳥取県で特別養護老人ホームを訪れたのを最後に、地方訪問での高齢者施設視察はなくなっています（前掲『象徴天皇の旅』）。

新たな行幸啓——被災地、激戦地への訪問

昭和期にはなかった行幸啓として、被災地訪問を挙げることができます。発端となったのは、一九九一年六月三日に発生し、四〇人が死亡、三人が行方不明となった長崎県の雲仙普賢岳の大火砕流でした。天皇と皇后は、七月一〇日に長崎県島原市、布津町《ふつ》(現・南島原市)、深江町(同)を日帰りで訪れ、被災者を直接激励したのです。

この行幸啓は、定例の行事への出席とは異なり、天皇の強い意思が反映していました。以降、全国各地で大きな災害が起きるたびに、天皇と皇后が被災地に足を運ぶ姿が大々的に報道されるようになります。

二〇一一年三月に発生した東日本大震災では、当時の東京都知事、石原慎太郎が「被災地は若い男宮の皇太子、秋篠宮両殿下を名代に差し向けてはいかがでしょう」と進言したのに対して、天皇は「石原さん。東北は、私が自分で行きます」と告げています(北野隆一「両陛下が『意思』を示すとき——戦没者慰霊と被災地見舞い」、前掲『現代世界の陛下たち』所収)。秋篠宮夫妻や皇太子夫妻も被災地には行くのですが、いくら年齢を重ねても天皇と皇后が真っ先に訪れることで、あたかも天皇と皇后だけが被災地を回っているかのような印象を与えてしまうのです。

被災地への行幸啓は、一八年九月の北海道胆振《いぶり》東部地震で甚大な被害を受けた北海道厚真《あつま》町を、

同年一一月一五日に日帰りで訪問するまでずっと続きました。

しかし他方、昭和期の行啓との連続性もあります。被災地で二人が膝をつき、被災者と同じ目の高さで話すスタイルは、六〇年代から福祉施設への行啓を繰り返すなかで確立され、平成に受け継がれたものでした。

一九八六年一一月に伊豆大島の三原山が噴火した際には、島から避難した被災者が収容された千代田区の体育館を二人で訪れ、やはり膝をつき、同じ目線で声をかけています（前掲『祈りの旅』）。昭和期には昭和天皇と香淳皇后の陰に隠れて見えづらかったスタイルが、平成になって全面的に知られるようになるのです。

新たな行幸啓としては、被災地のほかに慰霊を目的とする激戦地への訪問も挙げられます。二人はすでに一九七五年から沖縄県を訪れ、戦跡を回ってきましたが、平成になると沖縄県に加えて東京都の硫黄島、サイパン島やパラオのペリリュー島、フィリピンのカリラヤなど、海外を含む太平洋戦争の激戦地を次々に訪れるようになります。これらの行幸啓もまた、皇太子（妃）時代の行啓の延長線上にとらえることができます。

ちなみに靖国神社への二人の参拝は六九年一二月九日を最後になく、平成になってからは一度も参拝していません。

全都道府県を三巡する

平成という時代は、かつてないほど天皇、皇后が二人で全国各地を回り続ける時代だったといえます。妊娠や出産、流産、手術などのため皇太子に同行できない時期があった皇太子妃時代とは異なり、皇后美智子は後述する失声症にかかった直後の時期を除いて、ほぼ必ず天皇明仁に同行しています。八九年に即位してからの行幸啓の日程については、宮内庁ホームページの「天皇皇后両陛下のご日程」にすべて掲載されていますので記述を省略し、ここでは同ホームページをもとに、天皇と皇后が訪れた市町村を都道府県別にまとめた巻末表5と、皇太子(妃)時代を含めて二人が一緒に訪れた市町村を反映させた巻末地図を掲げることにします。

実際に御所には、皇太子(妃)時代以来の行啓や行幸啓の足跡を示す日本地図があるようです。「側近によると、皇太子同妃時代に訪問した市町村には青のピン、陛下の即位後の訪問先には赤のピンを、両陛下がご自身で刺して記録されている。即位後に再訪した市町村は青から赤に替えられる」(『産経新聞』一八年一〇月二〇日。写真8参照)。本書の巻末地図では、皇太子(妃)時代に訪問した市町村を○で、天皇、皇后時代に初めて訪問した市町村を◎で、天皇、皇后時代に再訪した市町村を●で示すことにします。

これを見ると、いかに頻繁に全国を回っているかがよくわかります。二人で一〇回以上訪れた都道府県も少なくありません。

例えば北海道には昭和期に八回（一九七一年、七二年、七二年、八〇年、八四年、八五年、八七年、八七年）、平成期に九回（一九八九年、八九年、九三年、九九年、二〇〇三年、〇六年、〇七年、一八年、一八年）、福島県には昭和期に四回（一九六一年、六八年、七四年、七八年）、平成期に九回（一九九五年、九九年、九九年、二〇一一年、一二年、一三年、一五年、一六年、一八年）、沖縄県には昭和期に五回（一九七五年、七六年、八三年、八七年、八七年）、平成期に六回（一九九三年、九五年、二〇〇四年、一二年、一四年、一八年）、二人で訪れています。巻末表2と巻末表5からは、一つの都道府県を訪れる場合でも毎回同じ市町村を訪れるわけではなく、なるべく多くの市町村を回ろうとする二人の姿勢が伝わってくるでしょう。

写真8　御所で日本地図を眺める天皇と皇后（宮内庁提供）

明仁は一九九四年一二月二三日の誕生日に際して「即位後、出来る限り早い機会に各県を回りたいと思っております」と述べましたが（宮内庁ホームページ）、二〇〇三年一一月の鹿児島県行幸啓で天皇として全都道府県を一巡し、美智子も〇四年一〇月の香川県行幸啓で皇后として全都道府県を一巡しています。二〇〇四年の歌会始のお題は「幸」でしたが、天皇は「人々の幸願ひつつ国の内めぐりきたりて十五年経つ」と詠んでいます。

交通手段は皇太子(妃)時代と基本的に変わりませんが、新幹線の開業に伴い、東北や新潟、北陸へは新幹線を利用することが増えています。また被災地へは自衛隊機や自衛隊のヘリコプターも利用しています。昭和天皇と香淳皇后ほど専用のお召し列車は利用せず、お召し列車のみが発着するJR原宿宮廷ホームも、二〇〇一年五月以降使っていません。

ただし来日した国王などの来賓を関東地方や山梨県の観光地に案内するときには、しばしば一緒にJR東日本や私鉄のお召し列車に乗っています。在来線のお召し列車に乗る場合、天皇と皇后は車内で立って沿線の人々に手を振る皇太子(妃)時代のスタイルを踏襲しつつ、左右それぞれの窓から別々に手を振ることが多くなっています。このほか、一四年五月二二日には第三セクターのわたらせ渓谷鐵道のトロッコ列車に二人で乗っています。

二〇一七年一一月の鹿児島県行幸啓で、明仁は天皇として全都道府県を二巡しました。美智子も失声症のため二〇〇三年一〇月に訪問できなかった香川県を除いて、皇后として全都道府県を二巡しています。皇太子(妃)時代を合わせると、二人とも全都道府県を少なくとも三巡していることになります。

大正天皇との比較

皇太子時代に確立した行啓のスタイルを天皇になっても意識的に続けようとした点で、天皇明仁は祖父の嘉仁(大正天皇)と似ています。

前掲『大正天皇』で詳しく触れたように、嘉仁は皇太子時代に当たる一九〇〇(明治三三)年から一二(明治四五)年まで、沖縄県を除くすべての道府県と大韓帝国を回りました。もちろん行啓のスケジュールは綿密に決められましたが、嘉仁はしばしばスケジュールを無視して公園や旧友の家、蕎麦屋など予定外の場所を突然単独で訪れ、「奉迎」の準備を全くしていない日常に触れようとしました。ただ決められた日程に従ったわけではなく、自分の意思で行動しようとしたわけです。

嘉仁は天皇になっても、行幸の際には皇太子時代の行啓と同じスタイルを続けようとしました。大正天皇に仕えた坊城俊良は、青山御所から宮城(皇居)への道筋ですら、正門や二重橋(正門鉄橋)を経由せず、裏門に当たる半蔵門から入る最短ルートをわざと通ったと回想しています(前掲『宮中五十年』)。明治天皇の行幸に準じた過度な警備や規制を嫌ったからです。しかし結局、明治天皇と同じ振る舞いを強いられ、しだいに体調を崩してゆきました。「大正流」が定着することはなかったのです。

明仁もまた嘉仁同様、天皇になっても皇太子時代のスタイルを続け、「平成流」として定着させました。この点が大正天皇とは異なっています。しかし「平成流」が一般に知られるようになるまでには、明治天皇の権威を求められた大正天皇同様、まだ記憶が色あせなかった昭和天皇のような権威ある天皇を理想とする右派からの、さまざまな反撃をくぐり抜けなければなりませんでした。

2　右派からの反撃

平成の幕開けと提灯奉迎

前章では、昭和末期の天皇の行幸で、それまでの行幸啓や行啓の際に見られた「お立ち台」タイプの奉迎を復古的に改めた提灯奉迎が復活し、それが皇太子夫妻の行啓でも行われるようになったことに触れました。こうした提灯奉迎は、平成になると行幸啓のたびに繰り返されるようになります。

平成初の提灯奉迎は、一九八九(平成元)年九月一六日、天皇明仁と皇后美智子が国民体育大会秋季大会に臨席するため宿泊した札幌市の京王プラザホテル前で行われました(「皇室日誌」、『祖国と青年』八九年一一月号所収)。天皇の即位礼が行われた九〇年には、まず「国際花と緑の博覧会」の視察のため天皇と皇后が訪れた大阪市で、「日本の伝統と文化を守る大阪府民会議」

（現・日本会議大阪）が主導する「御即位奉祝運動」の一環として、四月二二日に提灯奉迎が行われました。

大阪市で提灯奉迎が行われたのは、戦後初めてでした。このときは約一万人が参加し、天皇と皇后が宿泊していたロイヤルホテル（現・リーガロイヤルホテル）の二七階から提灯をもってこたえています（増山佳延「奉迎の灯に祈りをこめて」、『祖国と青年』九〇年六月号所収）。

同年五月一八日には、全国植樹祭の開会式に出席するため天皇と皇后が訪れた長崎市でも、同様の提灯奉迎が行われました。長崎・鎮西大社諏訪神社宮司の上杉千郷は、そのときの模様を「皆ホテルの最上階の窓を見上げる。その時窓に二人の人影が写る。手にした提灯も見える。『あっ陛下だ、皇后さまだ』と群集の中よりどよめきが起こる。そして『天皇陛下万歳』の声、続いて君が代、皆夢中で提灯を振る。万歳と君が代が続く」と述べたうえで、「平成の御代の幕開けにふさわしい、さわやかな新天皇の印象を国民に与えられたと感激に堪えない」としています（「豪雨の中の提灯行列」、同）。

同年一一月一二日に皇居の宮殿松の間で「即位礼正殿の儀」が行われ、天皇が高御座《たかみくら》、皇后が御帳台《みちょうだい》に上がり、天皇が即位を宣言しました。一一月一七日には、民間団体の「天皇陛下御即位奉祝委員会」と「同奉祝国会議員連盟」が主催して皇居前広場で午後七時過ぎから「天皇陛下御即位祝賀式」が開かれました。約五万五〇〇〇人が提灯をもって広場に集まり、天皇と皇后が約一〇分間、提灯をもって二重橋（正門鉄橋）に立ちました。広場では人々が声楽家の安西愛子の先導で「御即位奉祝歌——平成の御代をたたえん」を合唱し、万歳を叫びました（原武史『完本　皇居前広場』、文春学藝ライブラリー、二〇一四年）。

万単位の人々が夜に提灯をもって皇居前広場に集まり、天皇と皇后も提灯をもって二重橋でそれにこたえたのは、日中戦争で武漢三鎮が陥落した翌日に当たる三八（昭和一三）年一〇月二八日以来のことでした。昭和末期から地方で行われてきた明仁と美智子に向けての提灯奉迎が、ついに東京の中心でも行われたわけです。

ホテルの最上階にせよ二重橋にせよ、天皇と皇后は人々から遠く離れた「高み」に立っています。万単位の人々は二人を仰ぎ見ながら提灯を振り、万歳を叫び、君が代や奉祝歌を斉唱しています。昼間ほどはっきりと生身の身体をとらえることはできないという違いはあるにせよ、昭和天皇の摂政時代から東京をはじめとする全国各地で繰り返されてきた、「君民一体」を視覚化する光景が再現されているのです（前掲『増補版　可視化された帝国』）。これは一人ひとりと同じ目の高さで相対する機会をつくってきた皇太子（妃）時代からの行啓のスタイルとは全く異なるものでした。

提灯奉迎の定例化と「国民祭典」

けれども天皇と皇后は、提灯奉迎を拒絶していたわけではありません。その証拠に、一九九一年以降の行幸啓でも提灯奉迎は引き続き行われ、定例化してゆくのです。沖縄県でも、全国植樹祭に臨席するために二人が宿泊した那覇市の沖縄ハーバービューホテル(現・ANAクラウンプラザホテル沖縄ハーバービュー)で、九三年四月二三日に提灯奉迎が行われました(『琉球新報』九三年四月二四日)。

二〇〇八年六月一五日、全国植樹祭に臨席するため宿泊していた秋田県大館市の秋北ホテル(現・ホテルクラウンパレス秋北)で行われた提灯奉迎からは、宮内庁ホームページでも「天皇皇后両陛下のご日程」に記された行幸啓のなかで「提灯奉迎にお応え」と明記されるようになります。一九九七年に前述した「日本を守る国民会議」と「日本を守る会」が合流して結成された「日本会議」や各府県の神社庁など右派団体の呼びかけで行われる提灯奉迎を、宮内庁も公認したわけです。これ以降、二〇一八年一〇月二八日に高知市のホテル「城西館」で行われた提灯奉迎まで、すべての行幸啓における提灯奉迎が宮内庁ホームページに掲載されています。

東京の皇居前広場でも、一九九〇年一一月の「天皇陛下御即位祝賀式」に続いて、九九年一一月と二〇〇九年一一月に天皇在位一〇年、二〇年を祝う「国民祭典」が開かれ、いずれも提灯奉迎が行われました。

前者の「国民祭典」は、民間団体の「天皇陛下御即位十年奉祝委員会」と「同奉祝国会議員連盟」が主催しました。約二万五〇〇〇人が提灯と日の丸の小旗をもって皇居前広場に集まり、午後六時から始まりました。広場には特設ステージが設けられ、政財界の関係者のほか、歌手やスポーツ選手など各界の代表者が上がりました。天皇と皇后は午後六時三五分から二〇分あまり、提灯をもって二重橋に現れました。その姿は、正門石橋の横に設置されたスクリーンを通して、大きく映し出されました。首相の小渕恵三の祝辞、YOSHIKIのピアノによる奉祝曲「Anniversary」の演奏、君が代斉唱、天皇のおことばと続き、最後に全員が天皇陛下万歳を三唱して終わりました。二重橋の上から天皇が肉声を発するのは初めてのことであり、万歳の声は拡声器を通して広場の外まで響き渡りました(原武史「天皇在位十年の式典を見て」、『朝日新聞』九九年一一月一六日)。

後者の「国民祭典」は、YOSHIKIの代わりにEXILEが奉祝曲を歌うなどの違いはありましたが、民間団体の「天皇陛下御即位二十年奉祝委員会」と「同奉祝国会議員連盟」が主催したように、全体として在位一〇年の「国民祭典」を忠実に踏まえていました。戦前の皇居前広場でも一度しか開かれなかったタイプの行事が、九〇年の祝賀式を含めて、平成では三度も開かれたことになります。

自衛隊の堵列

戦後の昭和天皇と香淳皇后が行幸啓の途上で自衛隊の駐屯地を訪れることはありませんでした。皇太子明仁と皇太子妃美智子も、一九七二年一月に「さっぽろ雪まつり」の見学のため訪れた札幌市の陸上自衛隊真駒内駐屯地のような例外を除き、駐屯地を訪れることがなかったことは、第1章で触れた通りです。

しかし平成になると、地方行幸啓における「奉迎」の一環として、自衛隊の堵列《とれつ》が大掛かりに行われるようになります。堵列というのは、天皇や皇后が乗る車の沿道に自衛官がずらりと並んで立つことを意味します。

元朝日新聞編集委員の岩井克己はこう述べています。

> 一九八九(平成元)年九月、初めて天皇・皇后の北海道訪問(国民体育大会臨席)に同行して仰天したことがある。千歳空港から札幌に向かう車列に駐屯地の自衛官が沿道で敬礼する堵列が延々数キロに及んだからだ。自衛隊側は「五千人以上」としていたが、一説には八千人とも聞いた。一般奉迎の市民は反対車線側に押しやられていた。(『皇室の風』、講談社、二〇一八年)

これもまた前述した提灯奉迎と同じく、即位したばかりの天皇を人々から遠ざけるとともに、皇后とは異なる天皇の権威を視覚化するための試みにほかなりませんでした。

二〇〇三年七月に天皇と皇后が有珠山《うすざん》噴火災害地視察などのため千歳に到着したときには、宮内庁や北海道警察本部が「控えめに」と要請したため八六〇人、列の長さも約八〇〇メートルに抑えられましたが(同)、自衛隊の堵列自体は行幸啓のたびに繰り返されました。二〇一八年三月二八日に天皇と皇后が訪れた日本最西端の与那国島でも、堵列が行われています(前掲『象徴天皇の旅』)。

反皇后キャンペーン

しかし実際には、美智子妃の人気が衰えることはありませんでした。皇后として初めての地方行幸啓で訪れた徳島県では、「美しい美智子さまを見ることができて最高の気分」(福井テル子)、「皇后さまはとてもきれいだった」(下窪美香)といった声があふれましたし(『徳島新聞』一九八九年五月二二日)、九四年二月に初めて二人が訪れた東京都の父島でも、「特に皇后様の人気は凄いものであった」といいます(『小笠原新聞』九四年三月一日)。この点ではまだ、ミッチーブームが続いていたともいえるのです。

平成になって顕著になる右派の天皇権威化への動きは、皇太子妃時代からずっと明仁と一緒に行動し、皇太子を上回る人気を集めてきた皇后美智子に対するバッシングと連動しました。

その発端となったのは、『週刊文春』一九九三年四月一五日号でした。昭和天皇と香淳皇后が住んでいた吹上御所に代わり、明仁と美智子の住居として建設された新御所が、皇后の強い意向を反映して豪華になっているとして批判したのです。

月刊誌『宝島30』九三年八月号には、宮内庁に勤務する「大内糺《ただす》」(仮名)という人物が「皇室の危機」と題する文章を寄稿しています。

天皇、皇后両陛下のお暮らしぶりには、いろいろと疑問や不安を感じさせられることが多いと言ったが、その原因の最たるものは、皇后陛下のお力が増大してしまったことだと感じられてならないのである。

とにかく、行幸啓にしろ、パーティーの計画にしろ、皇后陛下が「ウン」とおっしゃらなければことが進まないのである。天皇陛下だけの内諾を得て、関係方面と調整しても、最後に皇后陛下が「ダメ」とおっしゃれば、それですべてが覆されてしまう。(中略)

本来、ご皇室にとって皇后陛下は、あまり意味のある存在ではない。ご公務はもちろん、大抵の儀式も天皇陛下がおいでになれば事足りる。にもかかわらず、皇后陛下が登場する機会が多くなってきたのは、主として国際親善の場面で、なにごとも夫婦で社会に出ることが一般的とされている欧米風に倣ったためといってよい。それなのに、最近では国際親

善の場面にとどまらず、あらゆるところにご夫妻として参加されるようになってきている
のである。

国民体育大会や全国植樹祭などへの臨席、あるいは全国戦没者追悼式への出席など、毎年定例の行幸啓は、皇后の意向に関わりなく決められます。皇后の許可が得られなければならないわけではありません。この点だけをとっても、本当に宮内庁の職員が書いたのかどうかが疑われるほど初歩的な間違いを犯しています。

引用した文章からは、「あらゆるところにご夫妻として参加されるようになってきている」ことに対する苛立ちが伝わってきます。皇后は「あまり意味のある存在ではない」のであり、天皇さえいればよいという本音まであらわになっています。けれどもすでに明らかなように、二人一緒のスタイルは決して「最近」に始まったわけではなく、皇太子(妃)時代からずっとそうでした。天皇の権威を確立させようとする右派の攻勢にもかかわらず、行幸啓での福祉施設や被災地への訪問に見られるように、美智子が主導してきたスタイルが平成になっても続いていることを、「皇后陛下のお力が増大してしまった」と感じとったのかもしれません。

皇后、失声症になる

皇后美智子は、一九九三年一〇月二〇日の誕生日を前にして受けた「最近目立っている皇室批判記事についてどう思われますか」という質問に対し、文書で回答しています。

どのような批判も、自分を省みるよすがとして耳を傾けねばと思います。今までに私の配慮が充分でなかったり、どのようなことでも、私の言葉が人を傷つけておりましたら、許して頂きたいと思います。

しかし事実でない報道には、大きな悲しみと戸惑いを覚えます。批判の許されない社会であってはなりませんが、事実に基づかない批判が、繰り返し許される社会であって欲しくはありません。幾つかの事例についてだけでも、関係者の説明がなされ、人々の納得を得られれば幸せに思います。（宮内庁ホームページ）

この文章は、宮内庁長官のチェックを受けていませんでした。皇后美智子は、言葉に対しては言葉で答えるという、人々との対話を重視してきた皇后らしい姿勢を見せたうえで、大内の文章には前述のような事実誤認があることをほのめかし、人々の納得が得られるよう「関係者の説明」を宮内庁に要望しています。

首相の細川護熙《もりひろ》は、一〇月二三日の日記に「そのようなこと〔皇后の文書回答――引用者注〕は、宮内庁事務当局が楯となりて言うべきことにて、皇后陛下の御心標を患わすことにあらず。宮内庁は一体何をしているのか、とこれも石原〔信雄・内閣官房〕副長官をして言わしむ」と書いています(『内訟録　細川護熙総理大臣日記』、日本経済新聞出版社、二〇一〇年)。宮内庁の宮尾盤《いわお》次長が会見で公式に反論したのは、それから三日後の一〇月二六日になってからでした。

矢面に立った皇后は、一〇月二〇日の誕生日に失声症になりました。これに伴い、一〇月二三日から二七日に予定されていた徳島県と香川県への行幸啓は、皇后が静養のために行けなくなり、天皇単独による行幸に変更されましたが、一一月六日から一〇日にかけての全国豊かな海づくり大会への臨席を目的とする愛媛県と高知県への行幸啓は、皇后の症状が回復しないまま、予定通り行われました。

一一月六日、皇后は天皇とともに松山市の愛媛県身体障害者福祉センターを訪問しています。

出迎えた県聴覚障害者協会長西原治見さん〔中略〕に、皇后さまが手話で「お会いできてとてもうれしいです」と話しかけられた。西原さんが、皇后さまの体を気遣って「がんばって下さい」と答えると、にっこりほほ笑まれたという。西原さんは、「びっくりし、感動した。体調がよくないのにわざわざ愛媛まで来ていただき、本当にありがたい」と感激していた。(『愛媛新聞』九三年一一月七日)

皇后バッシングにもかかわらず人気は全く衰えていないどころか、失声症になったことでいっそう人々からの崇敬の度合いが増していたことがわかります。このときには、皇后の言葉が聞こえたという証言まで飛び出しました(「皇后さまのお言葉が聞こえた!」、『祖国と青年』一九九三年一二月号所収)。

皇后美智子は、皇太子妃だった六三年三月の流産に伴う危機を、皇太子とともに地方に出掛け、懇談会で地方の青年男女と自由に話し込むことで乗り切ったように、このときもまた地方の人々と手話を交えた対話を重ねることで、失声症から回復してゆきました。またしても「言葉の人」としての本領が発揮されたのです。後に触れる皇太子妃雅子とは、この点が大きく異なっています。

3 行幸啓の実態

天皇、皇后の島原訪問

前述のように、天皇と皇后は九一年七月一〇日に日帰りで長崎県島原市と布津町、深江町を訪れ、六月三日に起こった雲仙普賢岳の大火砕流に伴う被災者を直接励ましています。実は六月九日に首相の海部俊樹も長崎県を訪れて被災者を励ましたのですが、彼らの眼には天皇と皇后の態度が首相の態度とは全く違ったものに映ったようです。

同じ慰問でも、短時間、マイク片手に演説をして帰った海部首相とは大違い。両陛下は現地に迷惑がかからないように、定期便の飛行機で日帰りするという異例の日程を組み、炎天下、予定時間をオーバーして避難所や仮設住宅など七か所を精力的に回られた。(「天皇、皇后両陛下、島原の被災者をお見舞い」、『週刊読売』九一年七月二八日号)

六月九日、災害服で島原入りした海部首相は地元ではあまり評判よくなかった。(中略)災害服で立ったままのパフォーマンスも逆効果で、濃紺スーツに革靴のSPたちも「東京イズム」の持ち込みと受け取ったらしい。(「突然決まった両陛下島原慰問のウラ側」、同)

この二つの記事では、天皇と皇后の振る舞いが、首相の振る舞いと同次元で比較されています。こうした見方は、後の阪神・淡路大震災や東日本大震災でも受け継がれることになります。被災地を訪れた首相の村山富市や菅直人の態度を批判し、天皇と皇后の態度を称賛するというものです。

ここには、権力にまみれた現実の政治に対する人々の不満が高まれば高まるほど、天皇や皇后がそこから超越した「聖なる存在」として認識される構造がはっきりと現れています。昭和初期の超国家主義にも通じるこの構造は、皮肉にも全国各地で災害が起き、天皇と皇后が被災地を訪れるたびに強化されていったのです。

北海道南西沖地震と阪神・淡路大震災

一九九三年七月一二日には北海道南西沖地震が発生し、奥尻島では一九八人の死者・行方不明者が出ました。天皇と皇后は、七月二七日に奥尻島を訪れています。このときも天皇と皇后は同じ態度をとりましたが、町役場には「天皇陛下をひざまずかせるとは」「誰か止めるやつはいなかったのか」「天皇陛下がひざまずいているのに、被災者があぐらをかいて迎えるなんて何事だ」といった批判や怒りの電話が相次ぎました(前掲『祈りの旅』)。

九五年一月一七日には阪神・淡路大震災が発生し、死者六四三四人、住宅六四万棟が被害を受けました。天皇、皇后は一月三一日に被災地を訪れましたが、このときには文芸評論家の江藤淳(一九三二〜一九九九)が天皇、皇后の態度を批判しました。

即刻苦しんでいる人々の側近くに寄って、彼らを励ますことこそ皇族の義務なのではないでしょうか。と言って、何もひざまずく必要はない。被災者と同じ目線である必要もない。

現行憲法上も特別な地位に立っておられる方々であってみれば、立ったままで構わない。馬上であろうと車上であろうと良いのです。国民に愛されようとする必要も一切ない。国民の気持をあれこれ忖度されることすら要らない。(「皇室にあえて問う」、『文藝春秋』一九九五年三月号所収)

江藤は、昭和末期以来の提灯奉迎を推進してきた「日本を守る国民会議」の代表委員を務めていました。つまりこの批判は、昭和天皇と同様の権威を天皇明仁にも求めようとする右派の本音を代表していたのです。

しかし天皇と皇后は、これ以降も被災地での振る舞いを変えようとはしませんでした。九一年七月の雲仙普賢岳での大火砕流以来、天皇と皇后が被災地で繰り返しとることになる行動の背景には、平成の幕開け以来強まりつつあった「昭和」への揺り戻し、より正確に言えば「戦前」への逆流に抗して、昭和のなかに胚胎していた「平成」をより鮮明にするための、強い意思があったのかもしれません。けれどもそうした行動が昭和初期の超国家主義に通じる構造をかえって強化する面があったことは、先に触れた通りです。

懇談会から懇談へ

前章で触れたように、明仁と美智子の皇太子(妃)時代の行啓では、一九六二年から七七年にかけて、ほぼ五～一〇人の地元の青年男女を招いての懇談会が開かれました。懇談会は宿泊施設や公共施設の部屋で行われ、テーブルをはさんで全員が着席し、一時間から二時間をかけて地域の問題を徹底的に話し合いました。しかし七八年以降の行啓になると、地元の青年男女との話し合いは懇談に変わり、懇談会のスタイルはもっぱらより高齢の地元有力者との会合に受け継がれてゆきました。

懇談というのは、明仁と美智子が移動しながら集まった人々に向かって声をかけてゆく方式のことで、時に同じ目線で話すために二人がひざまずくこともありましたが、基本的にはどちらも立っています。二人と直接話すことのできる人数は懇談会よりも多くなりますが、懇談会ほど突っ込んだやりとりはできません。

天皇と皇后が九四年二月に訪れた東京都小笠原村の父島では、二月一三日、父島のホテルに一〇人を招いて懇談会が開かれました。しかし招かれたのは、三〇代から七〇代にかけての、父島漁業組合長、消防団団長、青年協議会会長、農協組合長、社会福祉協議会会長、硫黄島旧島民の会会長、母島壮年会会長といった肩書をもつ男性ばかりでした(『小笠原新聞』九四年三月一日)。地元有力者との会合に変質した昭和末期の懇談会が、平成になっても受け継がれていたことがわかります。

天皇と皇后は、懇談会よりも懇談のほうに時間をかけています。たとえ一人ひとりとじっくり話し合うことができなくても、地元の有力者ばかりが集まる懇談会よりは、一般の島民と対話することのできる懇談のほうを、明らかに重視しているのです。二人は小中学生や主婦や民宿経営者などと対話しました。「両陛下に直接お声を掛けられ話をした島民は、百数十名にも上った」といいます(同)。

行幸啓の途上では、戦没者遺族や被災者とも懇談の機会を設けています。九三年四月二三日には、沖縄平和祈念堂で県内各地の戦没者遺族約一五〇人と懇談しました(『琉球新報』九三年四月二四日)。また二〇〇一年四月二三日には、兵庫県公館で阪神・淡路大震災の遺族代表三四人と懇談しています(『神戸新聞』〇一年四月二四日)。これだけの人数になると、懇談会を開くことはできません。二〇〇八年九月九日、新潟県長岡市の厚生会館で新潟県中越地震の被災者約六〇人と懇談した模様を取材した日本経済新聞編集委員の井上亮は、前日に長岡市役所で開かれた地元有力者との懇談会に比べて、「両陛下と被災者の心の通い合いの場だと感じた」と記しています(前掲『象徴天皇の旅』)。

二〇〇三年八月一三日、天皇と皇后は「国民祭典」が行われた皇居前広場の北側にある和田倉噴水公園に突然現れ、たまたま居合わせた一般市民と約四〇分間にわたって対話を試みました(原武史「皇居前広場に天皇夫妻」、『朝日新聞』〇三年九月三日)。あらかじめ天皇と皇后が来ることがわかっていて、対話することのできる人々も選ばれていた懇談とは明らかに異なる対話を、二人は皇居のすぐ近くで試みたのです。しかしながら、この試みが東京の中心で定着することはありませんでした。

戦争と沖縄

一九九三年四月二三日、天皇と皇后は全国植樹祭に臨席するため、平成になって初めて沖縄県を訪れました。

皇太子(妃)時代と同様、二人はまず南部戦跡に向かいましたが、このときもまた県民の声は賛成と反対の真っ二つに割れました。前述のような提灯奉迎が行われる一方、沖縄大学教授の新崎盛暉《あらさきもりてる》(一九三六~二〇一八)は「(天皇として)初来県といっても何の感想もない。天皇が来ることが戦後の節目になるわけがない。平和祈念堂での言葉もしらじらしいだけだ。大騒ぎする方がおかしい」と述べています(『沖縄タイムス』九三年四月二四日)。

慰霊を目的とする天皇と皇后の激戦地訪問は、この後も続きました。九四年二月には、いまなお多くの遺骨が眠っている東京都の硫黄島を訪問しています。父島で開かれた前述の懇談会で、硫黄島旧島民の会会長の宮川典男は、遺骨を本土の家族のもとに早く返すべく政府に働きかけるよう、天皇に訴えました(『小笠原新聞』九四年三月一日)。戦後五〇年に当たる九五年には、七月から八月にかけて、広島市、長崎市のほか、沖縄本島の南部戦跡と墨田区の東京都慰霊堂を立て続けに二人で訪れています。

二〇〇四年一月二三日、天皇と皇后は国立劇場おきなわ開場記念公演に臨席するため、平成になって三度目の沖縄県訪問をします。南部戦跡を真っ先に訪れる姿勢は変わっていません。しかしこのときも、二人が訪れた浦添《うらそえ》市では「天皇来沖反対集会」が反対の横断幕を掲げてデモ行進し、琉球大学では「天皇の来県を問うシンポジウム」が開かれています(『沖縄タイムス』〇四年一月二四日)。

戦争から時間が経つにつれ、戦争を体験した生存者の数は減りつつありましたが、たとえ戦争を直接知らない世代が増えても、天皇と皇后がたった数日滞在するだけで県民全体の感情がにわかに変わり、歓迎一色に染まるわけではありませんでした。二〇〇四年の行幸啓でも、沖縄在住の知花《ちばな》昌一は「沖縄にとっての天皇制の戦争責任を不問にしたり、ものを言えない雰囲気になるのはおかしい」と指摘し、作家の目取間《めどるま》俊も「内なる天皇制が県民の中に存在している」と危惧を表明しています(同)。こうした声が地方紙に掲載されることは、本土ではあり得ませんでした。

二〇一八年三月、二人は皇太子(妃)時代から数えて一一回目の沖縄県訪問を果たします。一九九三年四月の行幸啓で天皇から声をかけられた戦没者遺族の照屋苗子は、このときもまた声をかけられました。「平成五（九三）年に両陛下にお会いしたときには複雑な気持ちだった。感謝の気持ちというよりは、どうして戦争が起こったのだろうと。肉親を失ったものですから。何度か陛下とお会いし、お言葉をかけられて、そして陛下が沖縄にすごくお心を寄せていることを知った。（中略）いまの気持ちは本当に陛下に対して感謝の気持ちで喜んでお迎えしている」（前掲『象徴天皇の旅』）。敗戦から七〇年を経て、ようやく沖縄戦を体験した世代のなかからこうした声が出てきたことを記しておきたいと思います。

ただし天皇と皇后が訪れた激戦地は、沖縄のほか、硫黄島、サイパン、パラオ、フィリピンと、戦争末期に当たる四四年から四五年にかけて米軍と戦い、敗北を重ねた島々が中心でした。確かに天皇は、九〇年に韓国の大統領が訪日したときや九二年に自ら訪中したときに、従来よりも踏み込んで植民地支配や戦争に対する反省の言葉を述べていますし、戦後七〇年に当たる二〇一五年の年頭に天皇は「この機会に、満州事変に始まるこの戦争の歴史を十分に学び、今後の日本のあり方を考えていくことが、今、極めて大切なことだと思っています」（宮内庁ホームページ）と述べたこともありました。

しかしながら、中国やハワイやマレーシアを皇后とともに訪れても、瀋陽の柳条湖や北京の盧溝橋、南京、武漢、重慶、真珠湾（パールハーバー）、マレーシアのコタバルなどを訪れたことはありません。満州事変や日中戦争で日本軍が軍事行動を起こした場所や都市、太平洋戦争でも日本軍が米軍や英軍に奇襲を仕掛けた場所は訪れていないのです。このことが、加害としての戦争の側面を見えにくくしているのは否定できません。

ハンセン病療養所への訪問

前章で触れたように、明仁と美智子は皇太子(妃)時代から、美智子が主導する形でハンセン病の国立療養所を訪問してきました。

天皇と皇后になってからも、それは続きました。ハンセン病の国立療養所は全国で一四カ所あり、そのうち島に設けられた療養所が六カ所ありますから、療養所を訪れることは必然的に島を訪れることを意味しました。「おことば」で言うところの「島々の旅」には、ハンセン病療養所への訪問が含まれていたのです。

二〇〇四年一月二五日には沖縄県の宮古島にある宮古南静園を訪れ、二〇人あまりの入所者と懇談しました(『沖縄タイムス』〇四年一月二六日)。また〇五年一〇月二三日には岡山県の長島にある長島愛生園と邑久《おく》光明園を訪れ、長島愛生園では二六人の入所者と懇談しています(『山陽新聞』〇五年一〇月二四日)。

天皇と皇后が長島愛生園を訪れたことには、大きな意味がありました。なぜならここは一九三〇(昭和五)年に開園した初めての国立療養所であり、ハンセン病患者の強制隔離を推進した光田健輔（一八七六〜一九六四）が二七年にわたって園長を務めるなど、日本のハンセン病政策の中心的役割を果たしてきたからです。皇后に影響を与えた神谷美恵子も、長らく精神科医として長島愛生園に通っていました。

光田の進める隔離政策にお墨付きを与えたのが、明仁の祖母に当たる皇太后節子《さだこ》（貞明皇后）でした。節子は、「一万人収容を目標としなければ、ライ予防の目的は達せられないと思います」と述べる光田に対して、「からだをたいせつにしてこの道につくすよう」と激励し、愛生園に多大な御下賜金を与えています（光田健輔『愛生園日記　ライとたたかった六十年の記録』、毎日新聞社、一九五八年）。けれども節子自身は、ハンセン病療養所の中に足を踏み入れることは一度もありませんでした。

今日では、隔離政策は間違っていたことがわかっています。もともと感染力がきわめて弱いうえ、戦中期に米国で特効薬プロミンが開発されたことで、隔離の必要はなくなったからです。しかし光田は、皇太后からのお墨付きを得たとして、戦後もなお隔離政策を続けました。天皇明仁と皇后美智子が昭和期からハンセン病の療養所を訪問し続けるのは、慰霊を目的とする激戦地への訪問と同様、皇室（もっといえば明仁にとっての父や祖母）が関わった負の歴史に対する反省の念があるからではないでしょうか。

二〇一四年七月二二日、天皇と皇后は宮城県登米《とめ》市の東北新生園を訪問しました。船上から視察した香川県高松市の大島青松園を含めると、一九六八年四月七日に奄美和光園を訪れて以来、四六年かけてすべての療養所を訪れたことになります。

拉致問題への言及

二〇〇二年の誕生日に際しての記者会見で、天皇は北朝鮮から拉致被害者が帰国したことに触れ、「長年にわたる拉致被害者並びにその家族の苦しみや悲しみは、いかばかりであったかと察しています」(宮内庁ホームページ)と述べています。皇后はさらに踏み込んでいます。同年の誕生日に際しての文書回答で、こう述べているからです。

何故私たち皆が、自分たち共同社会の出来事として、この人々の不在をもっと強く意識し続けることが出来なかったかとの思いを消すことができません。(同)

皇后は、国家という言葉の代わりに「自分たち共同社会」という言葉を使っていますが、ここには日本という国家に属する一人ひとりの国民に無関心でいられない皇后の強い気持ちがほとばしっています。

一八年の誕生日に際しての文書回答で、皇后は再び拉致問題に言及しました。「陛下や私の若い日と重なって始まる拉致被害者の問題などは、平成の時代の終焉と共に急に私どもの脳裏から離れてしまうというものではありません。これからも家族の方たちの気持ちに陰ながら寄り添っていきたいと思います」(同)。たとえ退位しても、一人ひとりの国民を思う気持ちに変わりはないとしたわけです。

皇后に言わせれば、ハンセン病患者も拉致被害者の家族も、一人の国民という点では全く変わりがないのでしょう。しかしこの回答が、結果として自民党の安倍晋三政権が最重要課題とする拉致問題の解決を促すメッセージになっていることは否定できません。たとえ権力をもっていても、自らの言葉が政治性を帯びないように配慮する天皇とは対照的です。

皇太子徳仁と皇太子妃雅子の行啓

皇太子徳仁は、一九九三年六月に小和田雅子と結婚しました。皇太子夫妻は同年七月、自然公園大会に臨席するため山口県を訪れた際、阿知須《あじす》町(現・山口市)の特別養護老人ホーム「白松苑」を視察し、入所している老人の手を握って励ましました(『朝日新聞』九三年七月二九日西部夕刊)。同年八月、全国高校総合体育大会に臨席するため栃木県を訪れた際も、宇都宮市の特別養護老人ホーム「敬祥苑」を視察し、一人ずつ声をかけています(同、九三年八月二日栃木版)。この点に関する限り、天皇明仁と皇后美智子の皇太子(妃)時代の行啓を忠実に受け継いでいます。ただし明仁と美智子のように、宿泊施設や公共施設で懇談会を開いて地元の青年男女と対話することはありませんでした。

その代わりに徳仁と雅子が始めたのが登山でした。もともと徳仁は登山が好きで、まだ五歳だった六五(昭和四〇)年七月に初めて軽井沢の離山《はなれやま》に登ったほか、六七年七月には明仁、美智子とともに標高三〇二六メートルの乗鞍岳に登頂するなど、幼少期から海外を含めてずっと登山を続けてきました。この登山に、雅子が同行するようになるのです。九四年六月に東京都青梅市の高水三山に登って以来、二人はしばしば全国各地の山々を登るようになります(徳仁親王「秋山の思い出」、『岳人』二〇〇五年一〇月号所収)。

二人は山で、たまたま出会った人たちに気軽に声をかけたり、逆に声をかけられて答えたりしています。明仁と美智子のような、会える人々があらかじめ選抜され、皇太子夫妻の質問に答えるという形式が踏襲されていたわけではありません。それよりももっと開かれた人々との関係を築こうとしていたように見えます。

地方紙や雑誌に掲載された登山の写真を見ると、二人は並んで歩いています。外務省のキャリア官僚としての勤務経験があり、社会人として男性に一歩も引けをとらない活躍をしてきた雅子妃は、そうした経験のない美智子妃に比べると、男女平等を体現する存在に見えたのです。ただし美智子妃が地方行啓で自らのスタイルを作り出したのに比べると、雅子妃は皇太子の登山に付き合うだけの存在になっているようにも見えます。

二〇〇一年一二月に愛子内親王が生まれてからも、二人の登山は続きました。二〇〇二年九月一二日に山梨県の大菩薩嶺を日帰りで登ったときには、山小屋「福ちゃん荘」で休憩しています。ここは一九六九年に合宿していた新左翼の赤軍派が一斉検挙された「大菩薩峠事件」の現場に当たります。昭和期には新左翼が革命のための訓練を行っていたアジールが、平成になると「皇太子様雅子様御休憩所」の看板が掲げられる「聖蹟」へと変貌するのです(写真9参照)。平成になって全国各地に行幸啓記念碑が建てられることは後に触れますが、明仁と美智子ですら訪れなかった山にまで足跡が及んでいるわけです。

写真9　福ちゃん荘(筆者撮影)

二〇〇三年五月から七月にかけて、皇太子夫妻は愛子内親王を伴い、東宮御所近くの公園に突然現れ、たまたま居合わせた子供たちと遊ばせようとしました。これもまた登山同様、あらかじめスケジュールが決まった行啓とは異なるふれ合いの場を設けようとする皇太子夫妻の試みを示していました。けれどもお忍びのはずの外出は、大々的に報道され、試みは失敗に終わりました。

同年一二月、皇太子妃は帯状疱疹で入院し、体調が悪化します。翌年五月一〇日の会見では、皇太子が「雅子のキャリアや、そのことに基づいた雅子の人格を否定するような動きがあったことも事実です」と発言しました。同年七月には、皇太子妃の病気が適応障害であることが公表されました。

美智子にも体調が悪化した時期はありました。しかし一九六三年に第二子を流産したときも、九三年に失声症になったときも、明仁とともに地方に出掛け、人々と手話を含む対話を重ねることで乗り切りました。体調が悪化しても言葉の力を失うことはなかったのです。これに対して雅子は、逆に東宮御所に引きこもり、人々に会わなくなります。皇太子妃の言葉は聞こえてこなくなり、皇太子も「雅子の人格を否定するような動き」について明言を避けました。行啓のたびに開かれた懇談会で言語能力を磨いてきた天皇と皇后に比べると、明らかに発信力を欠いていたのです。

その後、皇太子妃の外出回数が徐々に増えてきたとはいえ、定例の地方行啓や登山は基本的に皇太子が単独で行うようになり、皇太子妃の存在感が失われてゆきました。美智子が主導しつつ昭和天皇と香淳皇后とは全く異なるスタイルを築いた昭和期の行啓に匹敵する行啓を、皇太子妃雅子がつくり出すことはありませんでした。

ただし例外があります。栃木県の那須御用邸です。

皇太子夫妻は、結婚以来ほぼ毎年那須御用邸に滞在し、愛子内親王が誕生してからは三人で滞在するようになりましたが、皇太子妃の体調が悪化してからも、この習慣を欠かしませんでした。内親王が成長するにつれ、三人はお忍びで御用邸を出て、近くの茶臼岳や朝日岳に登るようになります。驚く登山客に、皇太子夫妻は相変わらず気軽に声をかけました。地方行啓ができなくなった雅子にとって、那須は体調が悪化する前のスタイルを取り戻すことのできる貴重な場所であり続けました。

4　退位表明と東日本大震災

突然の退位表明

二〇一〇年七月二二日、御所で参与会議が開かれました(前掲「皇后は退位に反対した」)。出席者は天皇、皇后と宮内庁長官の羽毛田信吾、侍従長の川島裕、そして宮内庁参与の湯浅利夫、栗山尚一《たかかず》、三谷太一郎の計七人で、午後七時から始まりました。この席上、天皇は「私は譲位すべきだと思っている」と発言したのです。

天皇が具体的にいつから退位を考えていたのかはわかっていませんが、このとき初めて定例の参与会議で退位を表明しました。驚いた出席者たちは口々に退位でなく、摂政の設置を主張し、皇后も摂政案を支持したといいます。このことは、天皇が皇后にすら相談せず、単独で退位を決断したことを物語っています。

ここで思い出されるのは、昭和天皇の有名な「聖断」です。

一九四五年八月一〇日未明に天皇と鈴木貫太郎内閣の閣僚や軍部首脳らが出席して開かれた最高戦争指導会議では、ポツダム宣言の受諾をめぐって外務大臣案と陸軍大臣案が対立して決定できず、昭和天皇が外務大臣案でポツダム宣言を受諾する「聖断」を下しました。天皇の決断は絶対であり、議論の余地はありませんでした。ところが参与会議では、「私は譲位すべきだと思っている」と述べた天皇に皇后を含む全員が反対し、そこから午前零時を回るまで延々と議論が続いたのです。

出席者の一人は、「皇后さまは議論にお強い方です。公の席での雰囲気とは全然違います。非常にシャープで、議論を厭わないのです」と述べています。確かに皇太子妃時代から、美智子は懇談会で何度も議論を重ねてきました。けれどもそれは明仁も同じでした。このときは天皇も一歩も引かない姿勢を見せたといいます。

二〇一〇年七月二二日以降、参与会議では退位についての議論が重ねられました。天皇の決意は揺るぎませんでした。それとともに、皇后も退位を支持するようになります。天皇の堅い決意に、皇后もついに折れたわけです。

しかし一六年一〇月二〇日の誕生日に際して、皇后は「新聞の一面に『生前退位』という大きな活字を見た時の衝撃は大きなものでした。それまで私は、歴史の書物の中でもこうした表現に接したことが一度もなかったので、一瞬驚きと共に痛みを覚えたのかもしれません」と述べています（宮内庁ホームページ）。皇后は、天皇の退位に完全に納得していたわけではなかったようです。

東日本大震災と天皇、皇后

参与会議で天皇が主導権を握る姿は、もちろん国民には知らされませんでした。ところが天皇の存在感を一気に浮上させる出来事が、この翌年に起こりました。二〇一一年三月一一日に発生した東日本大震災です。

天皇は三月一六日午後三時に「東北地方太平洋沖地震に関する天皇陛下のおことば」をテレビカメラの前で読み上げました。この映像は、同日午後四時三五分からＮＨＫと、テレビ東京系列を除く民放でいっせいに放送され、夕方以降のニュースでも繰り返し流されました。天皇がテレビを通して一般国民に直接メッセージを伝えたのは、これが初めてでした。皇太子（妃）時代以来、明仁と美智子が常に一緒に歩んできたスタイルは、ここで天皇個人が突出する形で転換点を迎えたのです。

この「おことば」は全部で五分五六秒で、第1章で触れた「象徴としてのお務めについての天皇陛下のおことば」に比べると短いものでしたが、「自衛隊、警察、消防、海上保安庁を始めとする国や地方自治体の人々」が「余震の続く危険な状況の中で、日夜救援活動を進めている努力に感謝し、その労を深くねぎらいたく思います」とあるように、天皇は自衛隊を筆頭に挙げながら感謝の言葉を述べました。この点で東日本大震災は、自衛隊と天皇の距離を縮めたという言い方ができます。

また「願っています」「願わずにはいられません」で終わる一文が五つもあるなど、全体として非常時に際しての、天皇自身の国民に対する「お気持ち」が強く出た文章になっています。天皇が政府や国会、地方議会などを媒介とせず、直接国民との一体感を強調した文章として読むこともできなくはありません。

実際に天皇は、震災の直後から積極的に動いています。三月一五日に前原子力委員会委員長代理と警察庁長官を、一七日に日本赤十字社社長と同副社長を、一八日に海上保安庁長官を、二三日に日本看護協会会長を、三〇日に外務事務次官を、四月一日に防衛大臣と統合幕僚長を次々に御所に呼んで説明を求めています。

背景には、福島第一原発の事故に対する天皇の強い危惧の念があったと思われます。皇太子時代の一九六八年九月に皇太子妃とともに福井県の関西電力美浜原子力発電所を視察したときから、「『核燃料を補給する場合の安全性の確保は十分か』『冷却水の放射能処理の安全性は絶対に大丈夫ですか』と原子力発電の安全性について念を押すように何度も質問されていた」(『福井新聞』六八年九月七日)からです。

しかし井上亮は、こう述べています。

平時ならこのような「ご説明」は問題ないが、震災発生一カ月は原発事故の危機は継続中で有事であった。そんな時期に重責を担う人間を呼びつけていいものか。もう少し待てないのか。未曽有の大災害に対応するためてんてこ舞いの首相官邸とは別に、もうひとつの「司令センター」ができたような感もあった。(中略)

八月上旬の定例会見で羽毛田信吾宮内庁長官を問い詰めた。

「(中略)戦前の上奏を思わせる。両陛下の被災地を思う気持ちをどうこういうつもりはないが、日本国憲法下で政治的権能を持たないとされている天皇としての枠がある。政府関係者などが天皇を元首扱いして、『まず陛下にご報告』ということが慣例化するのはいかがなものか」(前掲『象徴天皇の旅』)

震災と原発事故という非常時に際して、天皇明仁が戦前の昭和天皇と同様の権力をもったことを鋭く批判しています。確かにこの時期に「お濠の内側」で起こっていた出来事を見る限り、昭和期から胚胎していた「平成」はすっかり消え、まるで「昭和」（正確に言えば「戦前」）が復活したような錯覚にすら襲われます。

受け継がれる「平成」

けれども「お濠の外側」では、一九九一年の雲仙普賢岳の大火砕流以来、被災地で繰り返し見られた光景がこのときも見られました。天皇と皇后は、三月三〇日から五月一一日まで、七週連続で被災者への見舞いを目的とする日帰りの行幸啓を続けたからです。東京都、埼玉県、千葉県、茨城県、宮城県、岩手県、福島県の一都六県に及んだこの行幸啓を通して、天皇と皇后が二手に分かれて被災者にひざまずき、一人ひとりに語りかける姿が、毎週テレビや新聞に大きく報道されました。「平成」が消えたわけではなかったのです。

第1章で触れたように、阪神・淡路大震災のときにはまだ「天皇なんか来てくれても何にもならない」「それよりも仮設住宅を早く」といった感想をマスコミも報じていました。「しかし、東日本大震災など度重なる大災害のたびに『天皇のお見舞い』を経験してきた日本人は、いつのまにかそれを当然の行為のように感じるまでになった」（前掲『皇室番 黒革の手帖』）。「天皇のお見舞い」は、正確には「天皇、皇后のお見舞い」とすべきでしょう。いずれにせよ東日本大震災は、二人一緒のスタイルを貫く天皇と皇后の露出度を、従来にも増して高めることになりました。

行幸啓のたびに天皇と皇后の宿泊施設の前で開催された右派による提灯奉迎は、東日本大震災以降もずっと続きました。しかし、被災地や避難所への行幸啓は日帰りで行われる場合が多いため、提灯奉迎をしたくてもできませんでした。また定例の行幸啓で提灯奉迎が行われても、その模様がテレビなどで大きく報道されることはありませんでした。定例の行幸啓で提灯奉迎にこたえる天皇と皇后よりも、被災地で一般国民と同じ目の高さで対話する天皇と皇后のほうが、はるかに深く国民の間に浸透してゆくのです。

ＮＨＫが五年ごとに行っている「日本人の意識」調査で、「あなたは天皇に対して、現在、どのような感じをもっていますか」という質問に対する反応が、二〇〇八年と一三年では大きく変化しています。「尊敬の念をもっている」と答えた人々が二五％から三四％に増えたのに対して、「特に何とも感じていない」と答えた人々が三九％から二八％に減ったからです。河西秀哉は、二〇一一年に発生した東日本大震災の影響をそこに見いだしています（前掲『明仁天皇と戦後日本』）。

独立回復から六一年目に当たる二〇一三年四月二八日には、東京の憲政記念館で開かれた政府主催の「主権回復・国際社会復帰を記念する式典」に天皇と皇后が出席しましたが、その終わりに安倍晋三首相をはじめとする出席者全員が「天皇陛下万歳」を叫びました。白昼堂々「昭和」が復活したかのような光景を前に、天皇と皇后はわずかに会釈しただけで会場を去りました。一八年一〇月二三日に同じ憲政記念館で開かれた政府主催の「明治一五〇年記念式典」に天皇と皇后が欠席したのは、「主権回復記念式典」の二の舞を避けるためだったように思われます。

皇后、五日市憲法に言及

二〇一三年一〇月には、注目すべき出来事が続けて起こりました。

その第一は、一〇月二〇日の皇后の誕生日に際しての文書回答で、皇后が五日市憲法に言及したことです。前年の一月二三日に東京都あきる野市の五日市郷土館を訪れたときに見学した五日市憲法の草案につき、こう述べています。

明治憲法の公布(明治二二年)に先立ち、地域の小学校の教員、地主や農民が、寄り合い、討議を重ねて書き上げた民間の憲法草案で、基本的人権の尊重や教育の自由の保障及び教育を受ける義務、法の下の平等、更に言論の自由、信教の自由など、二〇四条が書かれており、地方自治権等についても記されています。当時これに類する民間の憲法草案が、日本各地の少なくとも四十数か所で作られていたと聞きましたが、近代日本の黎明期に生きた人々の、政治参加への強い意欲や、自国の未来にかけた熱い願いに触れ、深い感銘を覚えたことでした。長い鎖国を経た一九世紀末の日本で、市井の人々の間に既に育っていた民権意識を記録するものとして、世界でも珍しい文化遺産ではないかと思います。(宮内庁ホームページ)

ここで言う「基本的人権の尊重や教育の自由の保障及び教育を受ける義務、法の下の平等、更に言論の自由、信教の自由」が、ほぼそっくり一九四六年に公布される日本国憲法に受け継がれているのは周知の通りです。

皇后の言葉を敷衍すれば、次のようになるでしょう。日本国憲法というのは、決して米国からの押し付けではない。その原形に当たるものが、すでに明治初期の段階で「市井の人々」によってつくられていたからだ——改憲を目指す自民党の安倍晋三政権に対する批判として、皇后の言葉が護憲派の人々から歓迎されたゆえんです。

しかし、五日市憲法の「第一篇 国帝」を見ると、「日本国ノ帝位ハ神武帝ノ正統タル今上帝ノ子裔ニ世伝ス」「国帝ノ身体ハ神聖ニシテ侵ス可ラス又責任トスル所ナシ」など、後に発布される大日本帝国憲法と大して変わらない条文が並んでいます。皇后は、日本国憲法とは似ても似つかないこの箇所については言及していません。言及しないことで、一つの政治的立場を表明しているようにも思われるのです。

一見これは、拉致問題の解決を促すかのような皇后の先の言葉と矛盾するように見えます。けれども、日本国内の「市井の人々」にくまなく目を注ぐ視点は変わっていません。この視点が、明治以来の日本の歴史に対する見方にも貫かれています。

天皇、皇后の水俣訪問

二〇一三年一〇月二七日には、天皇と皇后が全国豊かな海づくり大会への臨席を目的とする熊本県への行幸啓の途上、水俣市の水俣病資料館を訪れ、「語り部の会」一三人との懇談に臨んでいます。水俣病の被害者と天皇、皇后が直接対面するのは、これが初めてでした。ただしこの場は患者との「懇談」ではなく、「語り部の会活動御聴取」という名目だったようです(前掲『象徴天皇の旅』)。

このとき天皇は、即興で約一分間にわたり話をしています。

ほんとうにお気持ち、察するに余りあると思っています。やはり真実に生きるということができる社会を、みんなでつくっていきたいものだと、あらためて思いました。ほんとうにさまざまな思いをこめて、この年まで過ごしていらしたということに深く思いを致しております。今後の日本が、自分が正しくあることができる社会になっていく、そうなればと思っています。みながその方に向かって進んで行けることを願っています。

天皇の言葉からは、『論語』顔淵第十二の「政とは正なり。子帥《ひき》いて正しければ、孰《たれ》か敢えて正しからざらん」(政とは正です。あなたが率先して正しくされたなら、だれもが正しくなろうとつとめましょう)という孔子の言葉が思い浮かんできます(金谷治訳注『論語』、岩波文庫、一九九九年)。二〇一六年八月の「おことば」では「日々新たになる日本と世界の中にあって……考えつつ」と、変化してやまない時間の流れのなかで考える姿勢を鮮明にしましたが、ここでは時間の流れから超越して普遍的な正しさを追求しようとしています。即興でのこの言葉は、皇太子時代に各地で重ねてきた懇談会での語りを彷彿とさせます。

天皇と皇后は、水俣病資料館を訪れる前にお忍びで別の施設を訪れ、胎児性水俣病患者にも会っていました。これは水俣出身の作家、石牟礼道子(一九二七~二〇一八)の要請によるものでした。石牟礼は一二年夏、皇后に「一度水俣にお越しいただき、胎児性患者とお会いになってほしい」と伝えたほか、一三年一〇月にも皇后に「水俣にお越しの節は、胎児性水俣病の人たちに会っていただければ幸いでございます」と手紙を送っています（前掲『祈りの旅』）。この直訴を、皇后が受け入れたわけです。胎児性患者との面会は、一人の国民からの「声」に天皇と皇后がこたえるという異例のものでした。天皇の強い言葉の背景に、石牟礼の要請に基づくこの面会があったことは想像に難くありません。

この四日後の一〇月三一日、赤坂御苑で開かれた秋の園遊会で、「原発事故での子どもたちの被曝や事故収束作業員の劣悪な労働環境の現状を知ってほしかった」として、参院議員の山本太郎が天皇に直訴状を手渡しました。石牟礼の皇后への直訴が受け入れられたのに対して、山本の天皇への直訴は受け入れられませんでした。山本は参院議長から厳重注意を受けたうえ、皇室行事への出席を禁じられました。

懇談会の復活と変質

二〇一六年三月一六日、天皇と皇后は福島県三春町の葛尾《かつらお》村役場出張所で、原発事故で避難を続けている同村の被災者五人との懇談会に臨みました。井上亮は「テーブルを前にした座談形式はこのときが初めてだったと思う」（前掲『象徴天皇の旅』）としていますが、むしろ地元有力者でない人々と椅子に座って話し合う、一九六〇年代から七〇年代にかけての懇談会スタイルが復活したと見るべきでしょう。

ところが、重大な違いもありました。

部屋の真ん中にテーブルが置かれているため、記者とカメラマンは壁際に張り付いてぎゅうぎゅう詰めの状態。そこに何やら被災者とはあまり関係のなさそうなスーツ姿の男たちがぞろぞろ入ってきた。胸に議員バッジらしきものをつけている。彼らが立ちふさがるため、私たち記者は両陛下と被災者の懇談の様子がよく見えない。こんな取材現場は両陛下の被災地訪問で初めてだった。

懇談の形式も奇異に感じた。五人の被災者代表とともに、葛尾村の村長と福島県知事が懇談の席についている。（中略）首長が出しゃばらなければ、あと二人の被災者が両陛下と懇談できたではないか。（同）

六〇年代から七〇年代にかけての懇談会では、どの地方紙もテーブルに座って懇談する皇太子夫妻と青年男女の写真を大きく掲げました。それが不可能になったばかりか、一般の被災者とは言えない地元有力者が二つの席を占有していたのです。

この年の八月、天皇はようやく退位をにじませる「おことば」を公表しました。二〇一七年一月一六日には、鹿児島県の口永良部《くちのえらぶ》島の新岳噴火に伴い、屋久島に避難していた口永良部島島民との懇談会が屋久島町総合センターで行われました。天皇と皇后は、テーブルをはさんで被災者五人と懇談しています。

センター内では例によってテーブルを囲んだ懇談スタイルがセッティングされていた。判で押したような前例主義。口永良部島の区長を中心とした、「選ばれた」被災者五人と屋久島町長が座っている。

両陛下の前で一人ずつ自己紹介していくが、事前に暗記していた言葉を読み上げているような感じで、どこか不自然でぎこちない空気が広がる。ここに呼ばれた人たちはまぎれもない被災者ではあるのだが、あまりに形式化しているのではないだろうか。センターの玄関前で行われたような、両陛下と被災者の自然な触れ合いでよいのではないか。（同）

一九六〇年代から七〇年代にかけての懇談会のように、一時間から二時間もかけることはもはやありませんでした。懇談の時間はごく短く、被災者の緊張が解かれることはなかったと思われます。これでは立ったままの懇談とあまり変わらず、時間をかけて被災者の本音を引き出すことは難しかったでしょう。

二〇一八年九月一四日と二一日に西日本豪雨の被災地である岡山県倉敷市、愛媛県西予《せいよ》市、広島県呉市を訪れたときや、一一月一五日に胆振東部地震の被災地である北海道厚真町を訪れたときには、懇談会は開かれず、天皇と皇后は体育館や仮設住宅やケアセンターなどに集まった被災者たちと、互いに立ったまま懇談しています。簡単な言葉を交わすだけでも、一対一で相対した被災者は涙を流しました。平成に入ってからの「懇談会から懇談へ」という大きな流れが変わることはなかったのです。

5　行幸啓の政治的意味

ミクロ化した「国体」と増える「聖蹟」

このように、天皇明仁と皇后美智子は、平成の三〇年間で再び全国各地を回りました。皇太子(妃)時代の三〇年間と合わせると、六〇年間にわたって回り続けてきたことになります。もちろん首相などの政治家も全国を遊説することはありますし、被災地に足を運ぶこともあります。けれども六〇年間にわたり、一貫して全国を回り続けた政治家はいません。このことの政治的意味を、改めて考えてみる必要があります。

懇談会にせよ懇談にせよ、二人は北海道から沖縄県までの全国の市町村で、おびただしい数の「市井の人々」に直接話しかけています。インターネットなどの通信手段が発達した時代に、

写真10　東京都福生市の「田村酒造場」にある行幸啓記念碑（筆者撮影）

原始的で手のかかる方法を続けているわけです。

しかし長い目で見ると、この方法が大きな影響力をもたらしました。明治から昭和初期までのような学校教育を通したイデオロギーがなくても、一対一で面会する機会を増やせば増やすほど、前述のようなミクロ化した「国体」が、より多くの人々の内面に確立されたからです。

天皇は一九八九年の即位以来、日本国憲法を守る立場を表明しながら、行幸啓を繰り返すことでデモクラシーと「国体」の両立を徹底化させたのです（原武史「デモクラシーと『国体』は両立するか？　戦後日本のデモクラシーと天皇制」、前掲『現代世界の陛下たち』所収）。「学校教育で何も教えられなくともこうした行幸啓において、皇室の方々に接することによって得た感激が、天皇制支持率九割の背景のひとつにあるのではないだろうか」（前掲「香川県植樹祭行啓レポート」）という右派の指摘は、正鵠を射ています。

それとともに、全国に建てられる行幸啓記念碑の数も増えています。二〇一六年の行幸啓を例にあげれば、確認されているだけで三月一七日に訪れた宮城県女川町《おながわ》のＪＲ女川駅前、四月一二日に訪れた東京都福生市の田村酒造場（写真10参照）、六月四日に訪れた長野県中野市の高野辰之記念館、九月一〇日に訪れた山形県鶴岡市の鶴岡市立加茂水族館、九月一二日に訪れた同市の松ヶ岡開墾場、一〇月一二日に訪れた茨城県結城市の結城市民情報センター、一一月一六日に訪れた愛知県犬山市の入鹿池、一一月一七日に訪れた長野県飯田市の「りんご並木通り」に行幸啓記念碑が建てられました。

写真 11　埼玉県日高市の「巾着田」にある行幸啓記念碑(筆者撮影)

昭和初期には、文部省により明治天皇の巡幸や行幸の足跡を「聖蹟」として記念する明治天皇聖蹟記念碑が全国に建てられたり、「紀元二千六百年」に合わせて『日本書紀』に記された「神武東征」の足跡を「聖蹟」として顕彰する神武天皇聖蹟顕彰碑が西日本各地に建てられたりしました。背景には、実在が否定されている神武天皇を含め、過去の偉大な天皇を称えようとする政府の思惑がありました。

昭和天皇の行幸記念碑や、昭和天皇と香淳皇后の行幸啓記念碑も全国各地に残っています。埼玉県の正丸《しょうまる》峠のように、昭和天皇の行幸と皇太子明仁、皇太子妃美智子の行啓をともに刻んだ「御展望記念碑」が立っているところもあります。

天皇明仁と皇后美智子の行幸啓記念碑は、地元の自治体や有志によって建てられた点で明治天皇聖蹟記念碑や神武天皇聖蹟顕彰碑とは異なります。皇太子(妃)時代の記念碑まで含めると、同じく地元の自治体や有志によって建てられた昭和天皇の行幸記念碑や昭和天皇と香淳皇后の行幸啓記念碑よりも数が多いと思われます。しかも二〇一八年九月一七日に除幕式が行われた埼玉県日高市の行幸啓記念碑のように、現在もなお記念碑は建てられています(写真11参照)。平成の「聖蹟」は増えつつあるのです。

平成の政治に対する批判

前章で触れたように、皇太子(妃)時代の行啓には「遅れた」地方に「進んだ」東京の風を吹き込む政治的役割がありました。とりわけ高度成長期の行啓には、道路をはじめとするインフラの整備など、開発を奨励する役割があったと思われます。

当時は地方でも高齢者の割合が高くなく、農村や漁村では多くの青年男女が生き生きと働いていました。彼ら彼女らにとって、皇太子と皇太子妃は東京から来た輝かしい「未来」のモデルであり、女性たちにとって皇太子妃は洗練されたファッションを身にまとう憧れの対象でした。地方が進むべき道は近代化であり、東京に追いつくことであり、それは可能だという明るい見通しが付随していました。

ところが平成の行幸啓では、そうした見通しはすっかり消えていました。人口減少と高齢化が全国的に進んだからです。天皇が「おことば」で「社会の高齢化が進む中、天皇もまた高齢となった場合、どのような在り方が望ましいか」と問いかけたことは、世界で最も高齢化が進むなか、天皇と皇后もまた後期高齢者になり、退位を決断せざるを得なくなった現実を改めて浮き彫りにしました。

政府が進める規制緩和によって公共交通網が維持できなくなることで、地方では人口減少と高齢化がいっそう進みました。阪神・淡路大震災のような例外はありますが、平成になって大きな災害が起こったのは、ほとんどが過疎化の進む地方でした。天皇と皇后は、定例の行幸啓以外に被災地に頻繁に赴き、「人々の傍らに立ち、その声に耳を傾け、思いに寄り添うこと」で、狭義の政治から疎外された地方に住む人々——その多くは天皇、皇后と同じ高齢者——に光を当てる役割を果たしました。

そこには皇太子(妃)時代のような、東京が地方にとっての目標となるような関係はありません。過疎化が進む以上、地方が東京と同じようになることはあり得ないからです。逆に北海道から沖縄県まですべての都道府県にある市町村を回り、そこに住む「市井の人々」に寄り添おうとする天皇明仁と皇后美智子の一貫した行動は、それ自体が昭和初期の超国家主義に通じる政治的な意味合いをもちながら、結果として平成期に進められた狭義の政治に対する最も根本的な批判になっているともいえるのです。

もはや天皇と皇后しか分断した社会を統合する役割を果たすことができないとしたら、民主主義にとってきわめて危ういと言わなければなりません。

モデルとすべき天皇は?

「万世一系」イデオロギーのもとでは、天皇はたとえ何もしなくても、血統でつながっていれば天皇としての資格が与えられます。しかし一九八六(昭和六一)年五月二六日、皇太子明仁は『読売新聞』への文書回答として、理想の天皇について語っています。

> 天皇は政治を動かす立場にはなく、伝統的に国民と苦楽をともにするという精神的立場に立っています。
>
> このことは、疫病の流行や飢饉に当たって、民生の安定を祈念する嵯峨天皇以来の天皇の写経の精神や、また、「朕、民の父母と為《な》りて徳覆うこと能《あた》わず。甚だ自ら痛む」という後奈良天皇の写経の奥書などによっても表されていると思います。(前掲『新天皇家の自画像』)

ここで皇太子は、平安時代の嵯峨天皇(七八六～八四二)と室町時代の後奈良天皇(一四九六～一五五七)を理想の天皇として挙げています。言うまでもなく写経という行為自体は仏教の信仰に根差していますが、「今茲《ことし》、天下大疫、万民多く死亡に阽《のぞ》む。朕、民の父母となりて、徳覆ふこと能はず。甚だ自ら痛む」(原漢文)という後奈良天皇の言葉には、儒教の徳治主義の色彩を濃厚に感じとることもできるでしょう(この言葉は、二〇一七年二月に誕生日に際して皇太子徳仁も言及しています)。

退位した最後の天皇で、直系の祖に当たる江戸時代の光格天皇を、天皇明仁が意識しているという説もあります。歴史学者の磯田道史は、文化一四(一八一七)年に詠んだ次の和歌に注目しています(「後桜町天皇と光格天皇の譲位」、御厨貴編『天皇の近代――明治１５０年・平成30年』、千倉書房、二〇一八年所収)。

ゆたかなる　世の春しめて　三十年余り　九重のはなを　あかずみし哉

豊かな世の春をしめて三〇年余りになるが、宮中の花を飽きもせずみてきたものよ――磯田によれば、この和歌は光格天皇が在位三〇年を区切りとして譲位することを念頭に置いたものでした。天皇明仁が二〇一六年八月の「おことば」の冒頭で、「二年後には、平成三〇年を迎えます」と述べて在位三〇年での退位をほのめかした背景に、光格天皇の退位があったという見方もできるわけです。

しかし、嵯峨天皇も後奈良天皇も光格天皇も、京都の外に出ることはありませんでした。この点に関する限り、天皇明仁とは決定的に違っています。「平成」の手本をこれらの天皇だけに求めるのは無理があります。

行幸を繰り返したという点で天皇明仁と比較されるべきは、むしろ古代の天皇でしょう。奈良時代の聖武天皇（七〇一～七五六）は、都をしばしば替えながら現在の東海、近畿地方一帯を回ったほか、天平六（七三四）年四月七日に起こった大地震に際しては、四月二一日と七月一二日に詔を出しています（『続日本紀二　新日本古典文学大系13』、岩波書店、一九九〇年）。

> 此日《このころ》、天地《あめつち》の災、常に異なること有り。思ふに、朕《わ》が撫育《ふいく》の化《おもぶけ》、汝百姓に闕失《けっしつ》せる所有らむか。今故《ことさら》に使者《つかい》を発遣して、その疾苦《くるしみ》を問はしむ。朕が意《こころ》を知るべし。〔この頃の天地の災難は異常である。思うにこれは朕が人民をいつくしみ育てる徳化において、欠けたところがあったのであろう。そのため今、特に使者を遣わして、お前たちのなやみ苦しむところを問わせる。朕の心を理解するように〕（四月二一日）

頃者《このごろ》、天頻《しきり》に異《あやしび》を見《あらわ》し、地《ない》数《しばしば》震動《ふ》る。良《まこと》に朕が訓導《おしえ》の明らかならぬに由りて、民多く罪に入れり。責めは予《われ》一人に在り。兆庶《もろもろ》に関《あず》かるに非ず。〔この頃天変がしきりに起こり、地はしばしば震動する。まことに朕の教導が明らかでないために、人民が多く罪におちている。その責任は朕一人にあって、多くの民に関わるものではない〕(七月一二日)

頻発する天変地異は自らの徳の足りなさに由来するのであり、自分一人が責任を負わなければならないと言うのです。平成の天変地異に対する天皇明仁の思いは、天平の天変地異に対する聖武天皇の思いにつながっているのかもしれません。光格天皇が最後に退位した天皇だとすれば、聖武天皇は男性天皇として初めて退位した天皇でもあります。

「諸事継体創業ノ始ニ原キ」

聖武天皇よりもさらにさかのぼると、安閑天皇の三嶋(現・大阪府三島郡)行幸に随行した大伴金村が、『日本書紀』巻第十八で天皇に述べた言葉が注目されます(『日本書紀』三、岩波文庫、一九九四年)。正確に言えば、この時期はまだ天皇号が成立していませんので、「天皇」ではなく「大王」と記すべきですが、ここでは『日本書紀』の表記に従うことにします。

率土之下《あめのした》、王《きみ》の封《ところ》に匪《あら》ずといふこと莫《な》し。普天之上《くにのうち》、王の域《ところ》に匪ずといふこと莫し。故《かれ》、先天皇《さきのすめらみこと》、顕号《いちしろきみな》を建て鴻名《ひろきみな》を垂れて、広大《ひろくおおきなること》乾坤《あめつち》に配《そ》ひ、光華《ひかりうるわしきこと》日月《ひつき》に象《かたど》れり。長く駕《ゆ》き遠く撫でて、横に都の外《ほか》に逸《こえい》で、区域《くにのうち》を瑩《みが》き鏡《てら》して、垠《かぎり》無きに充《み》ち塞てり。上は九垓《ここのつのみち》に冠《こうぶ》らしめ、旁《あまね》く八表《やも》に済《わた》す。〔天の下で天皇の領土でないところはなく、国の内で天皇の領土でないところはない。それで先帝は御名を世にあらわし、天地日月にも匹敵する大きさと輝きをもってはるか遠くまで行幸しては民を愛撫し、都の外に出でては、領民の上に恵みを行き渡らせられた。御徳は天の果て地の果てまでも及び、四方八方に行き渡った〕

この言葉は、儒教経典の一つ『詩経』小雅と、唐代初期に成立した類書『芸文類聚《げいもんるいじゅう》』治政部に依拠しています。大伴金村が「先帝」、すなわち安閑の前代に当たる継体天皇を称える思想の根本にあるのは、国土全体を天皇の領土と見なす中国由来の王土思想です。この思想が現代の天皇制と相いれないのは、改めて言うまでもありません。

その一方で大伴金村は、継体天皇が行幸を繰り返して徳を四方八方に及ぼしたことを称えています。『日本書紀』巻第十七では、越前から迎えられた継体天皇が河内の樟葉《くずは》、山城の筒城《つづき》や弟国《おとくに》、大和の磐余《いわれ》と都を移したことが記されていますが、「おことば」で「これまで私が皇后と共に行って来たほぼ全国に及ぶ旅は、国内のどこにおいても、その地域を愛し、その共同体を地道に支える市井の人々のあることを私に認識させ」と述べた天皇明仁もまた、「長く駕き遠く撫でて、横に都の外に逸で、区域を瑩き鏡して、垠無きに充ち塞てり」という状況を目指したのかもしれません。この点では最も手本とすべき天皇は継体天皇だったという見方もできるでしょう。

二六代とされている継体天皇は、実際には多くの学者が実在と系譜のはっきりした最初の天皇と見なしています。つまり慶応三(一八六七)年一二月に出された「王政復古の沙汰書」の「諸事神武創業ノ始ニ原《もとづ》キ」をもじって言えば、「諸事継体創業ノ始ニ原キ」ということになるかもしれません。たとえ王土思想をもっていなくても、北海道の宗谷岬から沖縄県の与那国島まで、度重なる行啓や行幸啓を通して「瑩き鏡」す「区域」を可視化した天皇明仁は、退位が当たり前だった時代(七世紀前半～一九世紀前半)ではなく、それよりも前の時代への「復古」を果したたともいえるのです。

明治天皇の侍講となった元田永孚《もとだながざね》(一八一八～一八九一)も、昭和天皇の侍講となった杉浦重剛も、儒教で普遍的な愛情を意味する徳である「仁」を重視しました。理想の君主とは、民にあまねく愛情を注ぐことができなければならないとしたのです。しかし他方、大日本帝国憲法下の天皇は、陸海軍を統帥する大元帥としての威厳を誇示しなければならない存在でもありました。この点では民主主義教育を受けたはずの天皇明仁こそ、明治から平成までの四代のうち最も儒教的な天皇といえるかもしれません。

モデルとすべき皇后は？

皇后は天皇とは異なり、人生の途中で嫁いで皇室の一員となりますので、「万世一系」イデオロギーのようなものがありません。このため天皇以上に、過去の皇后がモデルとしてクローズアップされてきます（前掲『皇后考』）。

皇后美智子にとっては、聖武天皇の后だった光明皇后（光明子）が一つのモデルになっているように思われます。前掲『皇后考』で触れたように、貞明皇后にとっても光明皇后は神功皇后とともにモデルとすべき皇后でしたが、光明皇后と皇后美智子は皇族以外の出身で皇后になった女性という点で共通するものがありますし、ハンセン病患者や孤児など社会的弱者に対する姿勢もよく似ています。光明皇后にとっての仏教の慈悲が、カトリック信者を親族にもち、自らもミッション系の大学を出た皇后美智子にとってのキリスト教の慈愛に相当するという見方もできるでしょう。

光明皇后は、聖武天皇の行幸にしばしば同行し、天皇を補佐する役割を果たしました（瀧浪貞子『光明皇后　平城京にかけた夢と祈り』、中公新書、二〇一七年）。美智子もまた皇太子妃、皇后の時代を通して明仁に同行し、明仁を補佐するがごとく、列車や車から降りると必ず明仁の一歩後ろを歩いています。明仁と一緒に会見するときでも、明仁を立てながら回答しています(前掲「美智子皇后論」)。実際には美智子が主導する形で昭和期に「平成」が胚胎し、平成期に「平成」が完成したことはすでに見た通りですが、少なくとも表向きには古代から存在し、明治以降に強化された皇后のロールモデルに忠実に従っているのです。

伝説まで含めれば、景行天皇の皇子とされるヤマトタケルノミコト(倭建命、日本武尊)の妃、オトタチバナヒメ(弟橘比売、弟橘媛)を挙げることができます。記紀によれば、ヤマトタケルノミコトが相模から上総に渡ろうとしたとき、海が荒れて渡ることができず、オトタチバナヒメが入水して海神の怒りをしずめました。一九九八年に子供時代の読書の思い出について語った皇后は、この伝説に触れながら、「弟橘の言動には、何と表現したらよいか、建《たける》と任務を分かち合うような、どこか意志的なものが感じられ」たと述べています(宮内庁ホームページ)。常に天皇と行動をともにする皇后の念頭には、オトタチバナヒメの残像があるのかもしれません。

一九九四年の誕生日に際して、皇后は「ただ、陛下のお側にあって、全てを善かれと祈り続ける者でありたいと願っています」と述べました(宮内庁ホームページ)。二〇一六年八月の「おことば」で天皇が「国民の安寧と幸せを祈ること」を象徴天皇の務めの一つに位置付けたことはすでに触れた通りですが、皇后の祈りは単独ではなく、「陛下のお側にあって」続けられてきたということがわかります。

天皇の後ろを歩き、天皇の傍らで祈る皇后の姿が、現代の日本社会に与えている影響は決して小さくないように思われます。二〇〇三年以降、皇太子と並んで歩く皇太子妃の姿がほぼ見られなくなったことを踏まえると、余計に皇后の存在感が目立ちます。世界的に見ても日本の男女平等度ランキングが低く、政界や企業、大学などで女性がなかなか進出できず、若い女性の専業主婦願望が高まっている理由の一つに、皇后美智子がモデルとしての役割を果たしているとは言えないでしょうか。

皇后美智子は、大学を出て就職することもなく結婚し、家では夫を支え、三人の子供を育てる「良妻賢母」としての役割を果たしました。それはまた、団地に象徴される核家族が確立され、専業主婦の割合が高まった時代とも響き合っていました。けれどもこうした皇后像は、国際政治学者の三浦瑠麗《るり》が指摘するように、「実力主義の社会における女性像とは明確に異なる」のです(『東京新聞』一八年一〇月二〇日)。皇后美智子が理想の女性として崇敬されることの負の側面に無自覚であってはならないと思います。

第4章　ポスト平成の行方——未来編

皇室の不安定化

本章では、ポスト平成の皇室の行方につき、現時点で考えられるあらゆる可能性を想定しながら論じてみたいと思います。まずは二〇一九年四月から二〇年四月にかけての、すでに決まっている代替わりに関わる行事について確認しておきます。

二〇一九年四月三〇日の「退位礼正殿の儀」によって天皇明仁は退位し、翌五月一日の「剣璽等承継の儀」によって新天皇徳仁が三種の神器のうちの剣璽(剣と曲玉)を引き継ぎ、元号が改まります。そのあとには新天皇が即位後初めて公式に三権の長をはじめ国民の代表に会う「即位後朝見の儀」が行われます。

退位が四月三〇日、即位・改元が五月一日と決まるまでには、紆余曲折がありました。当初、政府は「おことば」を受ける形で、一二月三一日の退位と一月一日の即位・改元を考えていましたが、年末年始は宮中行事が多いという理由から宮内庁が難色を示しました。代わって三月三一日退位、四月一日即位・改元説が浮上しましたが、今度は政府が政治日程や国民生活への影響を理由に難色を示しました。その結果、さらに一カ月遅れることになったのです。

一〇月二二日には皇居の宮殿で「即位礼正殿の儀」が行われて天皇は高御座に、皇后はその横の御帳台に上がり、新天皇が即位を宣言します。続いて新天皇と新皇后が国民に即位を披露し、祝福を受ける「祝賀御列の儀」も行われます。

一一月一四日夕方から一五日未明にかけては、最初の新嘗祭に当たる大嘗祭(大嘗宮の儀)が、皇居東御苑の本丸地区で行われます。新嘗祭に皇后が出ることはありませんが、大嘗祭(大嘗宮の儀)には皇后も出るものとされています。二〇年四月一九日には、秋篠宮が皇嗣になったことを宣言する「立皇嗣宣明の儀」が行われます。

代替わりに伴い、住まいも変わります。

新天皇と新皇后は、御所の改修が終わり次第、愛子内親王とともに東宮御所から皇居の御所に移ります。上皇と上皇后は、港区高輪の高輪皇族邸(旧高松宮邸)にいったん移り、新天皇と新皇后が退去してから、現在の東宮御所に移ります。東宮御所は、上皇の住まいを意味する仙《せん》洞《とう》御所に改称されます。一方、皇嗣と皇嗣妃は現在の秋篠宮邸に住み続けますが、新たに皇嗣職がつくられて職員が増えるため、増築が必要になります。

平成の皇室は、天皇・皇后―皇太子・皇太子妃―秋篠宮・秋篠宮妃という序列がはっきりしていましたが、ポスト平成の皇室は、こうした序列が崩れることで不安定化します。皇位継承者を男系男子に限っている現行の皇室典範では、愛子内親王が皇太子になることができないため、皇太子がいなくなる一方、上皇と上皇后は天皇と皇后同様、「陛下」の称号で呼ばれ、皇位は男系男子のいる秋篠宮家に継承されることから、皇嗣と皇嗣妃(ないしはその皇子である悠仁《ひさひと》親王)の存在感が高まるからです。その分だけ天皇と皇后の比重が低下し、権威が分散することが考えられます。二重権威化どころか三重権威化する可能性もないとは言えないのです。

なお次の次の代になり、皇嗣すなわち秋篠宮が天皇になれば、皇子の悠仁親王が皇太子となり、皇太子が復活します。

ポスト平成の上皇と上皇后

代替わりとともに、上皇と上皇后はいっさいの公務から退くことになります。平成の天皇と皇后が行ってきた三大行幸啓は、ポスト平成には新天皇と新皇后に引き継がれます。また皇太子夫妻が行ってきた行啓のうち、国民文化祭への臨席だけは新天皇と新皇后がそのまま続けることになります。

一方、宮中祭祀はどうなるでしょうか。二〇一八年一〇月二〇日の誕生日の文書回答で、皇后美智子はこう述べています。

陛下は御譲位と共に、これまでなさって来た全ての公務から御身を引かれますが、以後もきっと、それまでと変わらず、国と人々のために祈り続けていらっしゃるのではないでしょうか。私も陛下のおそばで、これまで通り国と人々の上によき事を祈りつつ、これから皇太子と皇太子妃が築いてゆく新しい御代の安泰を祈り続けていきたいと思います。

(宮内庁ホームページ)

ここで皇后は、天皇が上皇に、皇后が上皇后になってからのあり方につき、簡潔に述べています。天皇は公務から身を引いても「それまでと変わらず」「祈り」を続け、皇后もまた天皇とともに「これまで通り」「祈り」を続けるというのです。

第1章で「おことば」につき分析した際、天皇の言う「祈り」が宮中祭祀を意味していることに触れました。それはもちろん、皇后についても当てはまります。

つまりここで言っているのは、こういうことです——天皇は上皇になると、国事行為はもちろん、公的行為としての行幸も全く行わなくなる。けれども、国民の幸せを祈るための宮中祭祀には関わり続ける。皇后もまた上皇后になると、天皇の行幸に同行することはなくなるが、天皇と同様、宮中祭祀には関わり続ける。

文書回答の終わりの方で、皇后は宮中祭祀の一つである六月三〇日の大祓に触れ、天皇がマクワウリを「神様に差し上げる物」だと述べたというエピソードを披露しています。わざわざこうしたエピソードを披露していること自体、皇后がいかに宮中祭祀を重んじているかを暗示しているように見えます。

皇后は、宮中祭祀に出られない場合でも、謹慎し、遥拝することで祭祀に関わってきました。こうした生活を、退位してからも続けるということなのでしょう。あるいは体調が崩れない限り、出席することもあるかもしれません。宮中祭祀は皇室の私的行事ですので、公務とは違って退位しても出席することができます。

天皇が「おことば」のなかで定義づけた象徴天皇としての務めは、宮中祭祀と行幸を二大柱とするものでした。このうちの一つに、上皇と上皇后はなおも関わり続けると言っているわけです。「おことば」で天皇自身が「象徴天皇の務めが常に途切れることなく、安定的に続いていくことをひとえに念じ」と述べたことを、上皇と上皇后という立場で実践すると言っているようにも見えます。

ちなみに国家神道体制のもと、宮中祭祀が公的な意味合いをもっていた昭和初期には、やはり「祈り」を重視していた皇太后(貞明皇后)が宮中祭祀に出席し続けています。その姿勢が昭和天皇との間に確執をもたらしたことは、すでに前掲『昭和天皇』や前掲『皇后考』で詳しく触れた通りです。

明治からの代替わりを振り返る

しかし明治以来の天皇制の歩みを振り返ってみると、たとえ憲法や皇室典範が変わらなくても、代替わりのたびにスタイルが大きく変わってきたこともまた事実です。

明治天皇は、私的な理由で休むことがほとんどなく、御用邸も一度も利用しませんでした。行幸も、全国規模の巡幸を繰り返した前期を除けば、ほぼ軍事的な行幸だけに限られました。それに伴い、晩年になるほど実像は見えづらくなる代わりに、「御真影」に描かれた重々しいイメージが広がりました。

ところが明治から大正になると、皇太子時代から全国を回り、気さくな行動を繰り返していた天皇が、皇太子時代同様、毎年夏や冬に皇后とともに日光や葉山の御用邸に一カ月から二カ月も長期滞在するようになります。葉山でヨットに乗ったり、日光で馬に乗ったりする「軽い」天皇が出てくるのです。

けれども天皇が体調を崩したために、「大正」は長続きせず、一九二一(大正一〇)年に皇太子裕仁が摂政になります。ここでまた天皇制の刷新が図られます。同年に皇太子が訪欧したときから活動写真が解禁され、若くて健康な皇太子の映像が全国各地で公開されます。皇太子が植民地を含む全国各地を訪れるとともに、事実上の天皇と万単位の臣民が相対する「君民一体」の空間が各地に設定され、「国体」が視覚化されます。この時点で、すでに「昭和」が始まっていたという見方もできなくはありません。

元号が変わり、大正から昭和になると、大正天皇が忘却される代わりに明治天皇が理想化されます。東京の宮城（現・皇居）前広場をはじめとする全国の広場（練兵場や飛行場、グラウンドなど）では大規模な親閲式が行われ、天皇は時に白馬に乗って二重橋に現れるなど、神格化が進みました。再び「重い」天皇が出てきたのです。

天皇が現御神《あきつみかみ》であることを否定し、憲法と皇室典範が改正された戦後になってもなお、戦前の残像は消えませんでした。四六年から五四年までの戦後巡幸や、国民体育大会や全国植樹祭など、香淳皇后を伴っての行幸啓では、その残像が依然として多くの人々の天皇像を規定していることがあらわになりました。

昭和から平成になって現れた変化については、これまで縷々記してきた通りです。皇后とともにひざまずき、一人ひとりに同じ目の高さで話しかける天皇明仁自身、昭和天皇のスタイルを大きく変えたことは改めて強調しておきたいと思います。

こうして見ると、ポスト平成が平成と全く変わらないというのは考えられません。代替わりすれば、必ず何らかの変化が起こるはずです。皇太子徳仁自身、二〇一九年二月二三日の誕生日に際して「皇室の在り方もその時代時代によって変わってくるものと思います」「それぞれの時代に応じて求められる皇室の在り方を追い求めていきたいと思います」と述べています（宮内庁ホームページ）。「おことば」で天皇は、自らが定義づけた象徴天皇の務めをこれからもずっと続けてゆくよう「ひとえに念じ」、一九年二月二四日の「天皇陛下御在位三十年記念式典」でもこの象徴天皇の務めを基本としながら「象徴像を補い続けていってくれることを願っています」と述べましたが、そうした願いがかなえられることは難しいと思われます。

天皇夫妻と皇太子夫妻の違い

天皇明仁や皇后美智子には、儒教の「仁」のような倫理的な正しさや宗教的な「愛」を追求しようとする姿勢が顕著に見られます。とりわけ東日本大震災以降、その姿勢はマスコミの報道を通して誰もが称賛しなければならないものと映るようになったがゆえに、タブーや息苦しさを強めている面があります。

その結果、皇太子時代の行啓の途上、思わず笑わずにはいられない発言を繰り返した大正天皇はもちろん、記者会見で好きなテレビ番組について尋ねられた際、「放送会社の競争が激しいので、いまどういう番組を見ているかということには答えられない」(『昭和天皇実録』一九七五年十月三十一日条)と答えたり、園遊会で柔道の山下泰裕に「柔道は骨が折れますか」(同、八二年五月十八日条)と尋ねたりした昭和天皇のようなユーモアすら、全くと言ってよいほど消えてしまいました。秋篠宮は二〇一八年一一月の誕生日に際して、天皇と皇后が「常に笑いのある、そういう温かい家庭を築いてくださいました」と述べていますが(宮内庁ホームページ)、そうした笑いを二人の発言から感じとることはほとんどできません。

日本地図を広げ、行啓や行幸啓で訪れた市町村にピンを刺してゆく天皇、皇后の姿勢や、国民の安寧と幸せをひたすら祈り、天皇と国民とのあるべき関係を強調する「おことば」には、たとえ天皇、皇后自身が「昭和」のような天皇の権威化を拒絶しようとしても、ナショナリズムとの親和性を感じないわけにはいきません。

もっとも、天皇、皇后にとっての国民は、必ずしも米国の政治学者ベネディクト・アンダーソンの言う「想像された共同体」ではありません。おそらく二人にとって、国民とは北海道から沖縄県まで、一人ひとりの顔が見える「市井の人々」であり、六〇年におよぶ行啓や行幸啓を通して、そうした人々の面影が脳裏に刻み込まれていると思われるからです。この点ではパトリオティズムに根差したナショナリズムと言えるかもしれません。

一方、皇太子徳仁は、人々が住んでいない山に登ることを好み、一七〇回を超える登山経験があります。自然や水、環境問題に対する関心を深くもっているのは、天皇や皇后とは異なる経験を積んできたからです。それは国境を越えたグローバルな問題であるとともに、人間社会にとどまらない広がりをもった問題でもあります。「仁」や「愛」といった、もっぱら人間に対して適用される諸価値が相対化されるのです。

皇太子妃雅子もまた、皇后美智子とは異なり、外務省のキャリア官僚として男性と対等に働いた体験をもっています。徳仁と並んで山に登るスタイルは、明仁の一歩後ろを歩くことが多かった美智子とは違っていました。

しかし二〇〇三年一二月から療養生活に入り、ひたすら東宮御所や御用邸に引きこもるようになります。美智子妃のように、体調を崩しても言葉の力で回復し、皇太子との行啓を再開することはなかったのです。このため皇太子徳仁が単独で行啓を行うことが多くなり、皇太子妃の存在感が相対的に小さくなりました。

二〇〇六年二月二三日の誕生日に際して、皇太子は「宮中で行われている祭祀については、私たちは大切なものと考えていますが、雅子が携わるのは、通常の公務が行えるようになってからということになると思います」（宮内庁ホームページ）と述べています。通常の公務が行えるようになるまでは、皇太子妃が宮中祭祀に出ることはないとしたのです。宮中祭祀に熱心な天皇、皇后との違いを鮮明にしたとも言えるでしょう。

実際に体調を崩して以降、皇太子妃は三回しか宮中祭祀に出ていません。二〇〇九年一月七日の「昭和天皇二十年式年祭」と一六年四月三日の「神武天皇二千六百年式年祭」、そして一九年一月七日の「昭和天皇三十年式年祭」です。いずれも天皇、皇后が武蔵野陵（昭和天皇陵）や神武天皇陵に出向いたため、名代として宮中三殿の祭祀に出たわけです。つまり皇太子妃は、もう一五年以上にわたり、天皇と皇后が出席する祭祀には一度も出ていないことになります。

もちろん宮中祭祀は皇室の私的行事ですから、たとえ皇太子妃が全く出なくても問題はありません。第1章で触れたように、宮中祭祀の大部分は明治になってつくられたものです。したがって宮中祭祀そのものがなくなったとしても、江戸以前の天皇制に戻るだけのことです。つまり「おことば」に反して、むしろその方が戦後の象徴天皇制にふさわしいという見方もできるわけです。

二〇一一年三月に起こった東日本大震災に際しては、天皇と皇后が三月三〇日から五月一一日まで七週連続で被災地や避難所への行幸啓を続けたのに対して、皇太子夫妻はようやく六月四日になって日帰りで仙台空港に近い宮城県の岩沼市と山元町を訪問しただけでした。皇太子妃の体調に配慮したためでしたが、天皇と皇后の露出度が高まった分、余計に皇太子夫妻の「不在」が目立つ結果となりました。

いまなお皇太子妃の体調には波があり、完全には回復していません。皇太子妃の肉声は、もう一五年以上も聞こえてきません。ただ前述のように、那須では愛子内親王を交えて三人で近くの山に登るほか、最近では学習院の入学式や御用邸などで、三人が横に並ぶ映像が公開されるようになっています。

天皇夫妻を意識する秋篠宮夫妻

一方、秋篠宮夫妻は、皇太子夫妻よりも精力的に活動しています。行啓に相当する定例の「お成り」のほかに、避難所や被災地も訪れています。東日本大震災に際しては、四月一四日に新潟県の避難所を、四月二五日に群馬県の避難所を、五月一〇日に青森県の被災地を、五月二五日から二六日にかけて岩手県の被災地を、六月一七日に福島県の被災地を、六月二七日と七月八日に宮城県の被災地を、それぞれ二人で訪れています。

秋篠宮妃は、皇后美智子同様、長年にわたって手話による会話を重ねてきました。また秩父宮妃から引き継ぐ形で、公益財団法人結核予防会総裁としての公務も行っています。この点でもまた、ハンセン病に関心を寄せてきた皇后とよく似た役割を果たしているわけです。一八年一〇月には初めての単独の外国訪問としてオランダのハーグを訪れ、国際結核肺疾患予防連合から「名誉会員」の称号を贈られています。

秋篠宮夫妻は、宮中祭祀にも非常に熱心です。二〇一八年を例にとると、元始祭、孝明天皇例祭、春季皇霊祭・春季神殿祭、神武天皇祭、明治天皇例祭、秋季皇霊祭・秋季神殿祭、神嘗祭、賢所御神楽、大正天皇例祭に二人で出席したほか、武蔵陵墓地で行われた「昭和天皇祭山陵に奉幣の儀」や「香淳皇后山陵例祭の儀」にも二人で参列しています。この点もまた皇太子夫妻とは対照的です。ただし天皇夫妻や皇太子夫妻とは異なり、あくまでも一皇族であるため、宮中三殿に上がって拝礼することはありません。

常に二人一緒という秋篠宮夫妻のスタイルは、天皇夫妻を強く意識しているように見えます。徳仁から秋篠宮文仁に皇位が継承されれば、幕末の光格天皇から仁孝天皇への継承以来続いてきた親から子への皇位継承が絶たれ、江戸時代の後西天皇から異母弟の霊元天皇への継承以来、兄から弟への皇位継承が復活することになります。傍流から天皇になった光格天皇が強烈な君主意識をもっていたように、秋篠宮もまた皇太子を経ずに天皇になるからこそ、より強く皇位を意識するのかもしれません。

代替わりとともに、皇太子夫妻が行ってきた行啓のうち、全国「みどりの愛護」のつどい、全国高校総合体育大会、全国育樹祭、全国障害者スポーツ大会への臨席は、秋篠宮夫妻に受け継がれます。また献血運動推進全国大会への臨席は秋篠宮妃に、全国農業担い手サミットへの臨席は三笠宮妃に受け継がれます。秋篠宮夫妻が行ってきた「お成り」のうち、全国都市緑化祭と国民体育大会総合閉会式への臨席は、眞子内親王に受け継がれます。

秋篠宮が皇嗣、秋篠宮妃が皇嗣妃になると、皇太子夫妻と同格になって「お成り」が行啓になり、宮中祭祀では宮中三殿に上がって拝礼することになります。天皇徳仁と皇后雅子が「平成」を受け継がなくても、皇嗣夫妻が受け継ぐことで、次の次の代に「平成」が復活する可能性が出てくるのです。

秋篠宮の大嘗祭発言

五三歳の誕生日を控えた二〇一八年一一月二二日、秋篠宮は記者会見の席上、平成の大嘗祭と同様、公費で賄うこととしたポスト平成の大嘗祭につき、こう述べています。

今回もそうなわけですけれども、宗教行事と憲法との関係はどうなのかというときに、それは、私はやはり内廷会計で行うべきだと思っています。今でも。ただ、それをするためには相当な費用が掛かりますけれども。大嘗祭自体は私は絶対にすべきものだと思います。ただ、そのできる範囲で、言ってみれば身の丈にあった儀式にすれば。少なくとも皇室の行事と言っていますし。そういう形で行うのが本来の姿ではないかなと思いますし、そのことは宮内庁長官などにはかなり私も言っているんですね。ただ、残念ながらそこを考えること、言ってみれば話を聞く耳を持たなかった。そのことは私は非常に残念なことだったなと思っています。（宮内庁ホームページ）

秋篠宮は大嘗祭を、政府が決定した公費に当たる宮廷費ではなく、新嘗祭などの宮中祭祀と同様、皇室の私費に当たる内廷会計（内廷費）で行うべきだと発言しています。

これまで大嘗祭の位置づけは、公的とも私的ともつかないあいまいなものでした。そのあいまいさが、日本国憲法で定められた政教分離の原則に反するとして、さまざまな訴訟を招いてきました。大嘗祭を完全に私的な領域に置くことで、そうした政治的問題にならないようにするのが秋篠宮の意図ではないでしょうか。大嘗宮をわざわざ建てなくても、新嘗祭同様、宮中三殿に付属する神嘉殿で行えば、「身の丈にあった儀式」となり、内廷会計から賄うことは十分可能になります。

秋篠宮自身、「大嘗祭自体は私は絶対にすべきものだと思います」と述べているように、これもまた宮中祭祀に熱心な天皇夫妻を意識しながら、「平成」を受け継ごうとするがゆえの発言と見ることもできるでしょう。「絶対に」という強い言葉を使ったのは、大嘗祭ばかりか宮中祭祀そのものをやらなくてもよいと考えている対抗勢力が皇室のなかにいるからではないかという想像すらかきたてられます。

けれども「話を聞く耳を持たなかった」と宮内庁を批判したことは、問題をはらんでいます。秋篠宮が大嘗祭のあり方を見直すべきだと進言したにもかかわらず、宮内庁が応じなかった結果、直接自分の考えを国民に表明するというプロセスは、天皇が退位したいという意思を表明したにもかかわらず、歴代の内閣が十分な対応をとらなかった末、「おことば」が発表されたプロセスとよく似ています。

ここには第1章で触れた「おことば」の問題と似たような問題があると言えるでしょう。宮内庁や官邸を媒介とせず、直接自分の考えを国民に語ることで、国民の支持を得ようとしているようにも見えるからです。

右派勢力は台頭するか

天皇と皇后の行幸啓に際して、毎年提灯奉迎を繰り返してきたにもかかわらず、「昭和」の復活、すなわち天皇の権威化を図ることに失敗してきた右派勢力にとって、代替わりは一つのチャンスになるはずです。彼らにとって、それは天皇と皇后が常に一緒に行動する「平成」からの決別を意味しなければなりません。

昭和から平成に代替わりしたときにも、右派は皇居前広場で「天皇陛下御即位祝賀式」を行い、東京の中心で提灯奉迎を復活させるなど、昭和天皇に匹敵する権威を確立させようとしました。しかしその試みは、皇太子妃時代から一貫して一人ひとりの国民のもとに近づき、同じ目の高さで対話する姿勢を続けてきた皇后が天皇にずっと寄り添うことで、結果的に挫折しました。平成からポスト平成への代替わりでは、新皇后がどれほどの役割を果たすことができるかが問われることになります。

試金石となるのは、一〇月二二日の「即位礼正殿の儀」と「祝賀御列の儀」でしょう。「即位礼正殿の儀」で新皇后は、衆人環視のもとで十二単を着用して御帳台に上がらなければなりません。しかもその模様は、テレビで生中継されるはずです。それが終わると、今度は「祝賀御列の儀」に移り、都心をオープンカーでパレードしなければなりません。体調が万全でない新皇后にとっては、かなり高いハードルと言えます。

ちなみに一九一五(大正四)年一一月に京都で行われた大正の即位礼では、貞明皇后が懐妊(一二月に崇仁親王(後の三笠宮)を出産)していたために欠席しました。しかしながら、出産後の翌年四月に単独で京都御所の紫宸殿《ししんでん》を訪れ、自分が上がるはずだった御帳台をつぶさに見学しています(前掲『皇后考』)。その背景には、御帳台に上がることなくして皇后になったことに対する負い目のようなものがあったと思われます。

経済団体やスポーツなど各界の代表が参加する「天皇陛下御即位三十年奉祝委員会」は、新天皇の即位を祝う「国民祭典」を、即位礼の後の一九年一〇月か一一月に皇居前広場で行うとしています。これは平成の即位礼の直後に皇居前広場で「天皇陛下御即位祝賀式」が行われたのと全く同じです。もし新皇后が「即位礼正殿の儀」や「祝賀御列の儀」にも、この「国民祭典」にも出席できなければ、代替わりして早々に新天皇ばかりが露出することにもなりかねません。けれども皮肉なことに、そうなった場合には右派が平成のはじめに目指そうとした方向と見事に一致することになります。

おそらく彼らは、安倍政権のもとで憲法が改正されて自衛隊が明記され、天皇が陸上自衛隊の演習場や駐屯地、海上自衛隊ないし航空自衛隊の基地を公式に訪れることを期待しているものと思われます。昭和に比べると、平成は災害をきっかけとして天皇と自衛隊の距離が縮まりましたが、ポスト平成はその距離がいっそう縮まり、天皇が戦前のような軍事的なシンボルへと近づく可能性があるのです。

その一方で、新皇后の体調が回復しなければ、象徴としての務めは「全身全霊をもって」果たすべきものであり、それができなければ退位するしかないという平成の皇室とは全く異なる皇室のイメージが生まれることになります。そのイメージは結果として、全国各地でさまざまなストレスや障がいに苦しんでいる人々に対する、この上ない激励のメッセージにつながるはずです。たとえ皇后美智子のように直接福祉施設を訪れることがなくても、同様の役割を果たすことができるのです。

ポスト平成の宮中祭祀と行幸啓

雅子妃は適応障害と診断されたように、平成の宮中という環境に適応できないことが体調悪化の原因となりました。そうだとすれば、代替わりによる環境の変化は、逆に体調を回復させる要因になるという見方もできるでしょう。

その場合、新皇后が宮中の改革に乗り出す可能性は、大いにあるように思われます。具体的にいえば、自らも苦しんだであろう血のケガレという宮中のしきたりにメスを入れ、男性よりも負荷がかかる環境を改めることが考えられます。公務が再開できない限り、宮中祭祀への雅子の出席はないと皇太子徳仁は言いましたが、平成になってかつてないほどに絶対化した宮中祭祀そのものが見直されることになるでしょう。

行幸啓のあり方も変わる可能性があります。どこに行くのも二人一緒という「平成」のスタイルは、新天皇と新皇后よりも皇嗣と皇嗣妃の方に受け継がれるでしょう。福祉施設や被災地への訪問も、皇嗣と皇嗣妃の方が熱心に行うかもしれません。いずれにせよ平成のときよりは秋篠宮夫妻の存在感が増し、新天皇と新皇后とは対照的に、天皇明仁と皇后美智子の忠実な後継者として浮上してくることは否定できません。

しかし他方、新皇后が女性により負荷のかかる環境を改めて「お濠の内側」における男女平等を実現させ、「お濠の外側」でも新天皇と堂々と並ぶ姿が大きく報道されれば、右派のもくろみはまたしても挫折します。そればかりか、皇后美智子のような男性の一歩後ろを歩く女性のロールモデルを完全に崩壊させ、世界的に見て遅れている女性の社会進出を促すシンボルになる可能性すらあります。

このことに関連して、ケネス・ルオフは次のように述べています。

たとえば、日本人の女子生徒が数学や科学で何か大きな賞をとったなら、〔新皇后は〕その授賞式に出席して、女性がアートだけではなく数学や科学でも能力を発揮できるのをたたえることもできるはずです。また専門職の女性たちと時々、昼食会をともにして、女性が家の外でもキャリアを積むのを応援することもできるでしょう。キャリア・ウーマンとしての自分の経験から、ほかにもできることはいろいろあるはずです。（前掲『天皇と日本人』）

けれども新皇后が、キャリア・ウーマンとしての体験を生かすためには、体調を回復させるだけでは十分でありません。皇后美智子に匹敵する言語能力を駆使して、自らの皇后像を積極的に語ることが求められるからです。一〇年以上にわたる「沈黙」を保ってきた新皇后にとって、そのハードルは決して低くはないはずです。

外国訪問はどうなるか

これまで、天皇明仁や皇后美智子の外国訪問は官邸や外務省が主体となって決められることが多く、天皇や皇后の意向がそのまま反映されることはありませんでした。国内の福祉施設や被災地への訪問とはこの点が違っています。

一方、雅子妃は、美智子妃とは異なり、キャリア外交官としての経験をもっています。皇太子徳仁も、二〇一九年二月の誕生日に際して「雅子自身もいろいろ海外での経験もありますし、このグローバル化の時代にあって、国際的な取組など本人だからできるような取組というのが、今後出てくると思います」と述べています(宮内庁ホームページ)。皇后雅子が体調を回復させて新しい皇室外交を演出することができれば、天皇徳仁を権威化しようとする右派のもくろみとは逆に、平成の皇室がなし得なかった周辺諸国との歴史的和解に一役買うこともないとは言えません。

天皇明仁と皇后美智子は、沖縄や硫黄島、サイパン、パラオ、フィリピンなど、激戦地への慰霊の旅を重ねてきました。言うまでもなくサイパンやパラオ、フィリピンは外国ですが、通常の外国訪問とは異なり、これらの激戦地への訪問には天皇や皇后の戦争に対する強い思いが反映しています。

けれども二人が訪れたのは、一九四四年から四五年にかけての日米戦争で敗退した島々ばかりでした。一九三一(昭和六)年の満州事変以来の戦争、とりわけ加害としての戦争を強く印象づける場所は訪れていないわけです。また朝鮮半島(韓国と北朝鮮)はもとより、台湾や樺太(サハリン)などの旧植民地も訪れていません。これらの場所を新天皇と新皇后が訪れるようなことがあれば、天皇明仁と皇后美智子とは違った政治的役割を果たすことになります。

連動して国内では、平成の天皇と皇后が訪れることがほぼなかった在留外国人や在日韓国・朝鮮人の施設や学校を、新天皇と新皇后が積極的に訪れるかどうかが注目されます。もしそうなれば、ポスト平成は平成ほど皇室にとって国民国家という枠組みが絶対的なものではなくなり、全国各地を回ることにも執着しなくなるように思われます。

この点に関連して注目されるのは、皇太子夫妻の結婚を記念して一九九四（平成六）年から始まった国際青年交流会議です。皇太子徳仁と皇太子妃雅子は、二〇一五年九月から毎年この会議にそろって出席し、海外に派遣された日本人青年や外国から招かれた青年と同じテーブルに着き、時に英語で感想を述べています。明仁と美智子が皇太子（妃）時代に地方で行っていた懇談会のスタイルが、東京で外国人を交えて復活したわけです。

前述のように、徳仁自身が自然や水、環境という、国境を越えたグローバルな問題に対する関心をもっていました。私がひそかに着目しているのは、天皇になっても、徳仁が右派のもくろみに対抗するかのように、相変わらず気軽に山に登り、たまたま出会った人々に話しかけることができるかどうかです。これからは外国人の登山客もますます増えると見られます。もし国の内外に関わりなく、すべての人々に話しかけることができれば、「平成」との違いはいっそう明らかになるでしょう。

天皇は「人間」になれるか

作家の坂口安吾（一九〇六～一九五五）は、一九四八（昭和二三）年に発表した「天皇陛下にささぐる言葉」で、昭和天皇の戦後巡幸が戦前の行幸さながらの光景を全国各地でよみがえらせていることにつき、こう批判しています。

> 天皇が現在の如き在り方で旅行されるということは、つまり、又、戦争へ近づきつつあるということ、日本がバカになりつつあるということ。狐憑きの気違いになりつつあるということで、かくては、日本は救われぬ。
>
> 陛下は当分、宮城にとじこもって、お好きな生物学にでも熱中されるがよろしい。そして、そのうち、国民から忘れられ、そして、忘れられたころに、東京もどうやら復興しているであろう、そして復興した銀座へ、研究室からフラリと散歩にでてこられるがよろしい。陛下と気のついた通行人の幾人かは、別にオジギもしないであろうが、道をゆずってあげるであろう。
>
> そのとき東京も復興したが、人間も復興したのだ。否、今まで狐憑きだった日本に、始めて、人間が生れ、人間の礼節や、人間の人情や、人間の学問が行われるようになった証拠なのである。（『坂口安吾全集15』、ちくま文庫、一九九一年）

分刻みのスケジュールが組まれ、天皇と皇后が乗る車の沿道では過剰な警備や規制がしかれ、訪問場所ではあらかじめ人々が整列し、二人から声をかけられた人々は時に涙を流し、夜にはホテルの前で提灯奉迎が行われる平成の行幸啓をもし安吾が見たならば、天皇明仁もまた「人間」にはなっていないと言うに違いありません。

おそらく最も「人間」に近かったのは、皇太子時代の大正天皇でしょう。明治から戦後にかけて宮中に仕えた坊城俊良は、大正天皇を最も「人間」として評価し、「終戦後、占領政策の要請とかで、わざわざ〝人間天皇〟の御宣言があったが、私たちからいわせると、不思議でもあれば不可解でもある。大正天皇のごときは、もっとも人間的な、しかも温情あふるる親切な天皇であられた」と述べています（前掲『宮中五十年』）。ただし天皇になると、明治天皇と同じように「神」としての振る舞いを強要されることが多くなり、体調を崩していったことは前掲『大正天皇』で触れた通りです。

天皇徳仁は「人間」になることができるでしょうか。

宗教学者の阿満《あま》利麿《としまろ》は、「天皇は、『現御神』ではなくなっても、日常世界の延長線上に非日常的な存在を保持しておきたいという、現世主義的願望に支えられて、いわば『生き神』（宮田登）であり続けているのである」と述べています（『日本精神史　自然宗教の逆襲』、筑摩書房、二〇一七年)。引用中の宮田登というのは、『生き神信仰　人を神に祀る習俗』(塙書房、一九七〇年)を著した民俗学者のことです。阿満は宮田の説によりつつ、天皇を迎える側に「非日常的な存在」を求める「現世主義的願望」がある限り、天皇は「生き神」であり続けるとしているのです。

阿満の指摘が正しければ、今後もずっと天皇が「人間」になることはあり得ません。たとえ徳仁が天皇になり、皇太子時代と同様、山でたまたま出会った日本人に声をかけたとしても、彼らは決して天皇を自分たちと同じ「人間」とは見なさないということです。坂口安吾のような天皇観をもった日本人は、永久に少数派にとどまるわけです。

この点でも鍵を握るのは、国内に滞在することが増えつつある外国人でしょう。訪日インバウンドの数は高い伸び率を維持していますし、平成最後の月である二〇一九年四月からは、外国人労働者の受け入れ拡大のために改正された出入国管理及び難民認定法が施行されることで、ますます外国人が増えることが見込まれています。

昭和天皇の戦後巡幸に同行した米国人をはじめとする外国人の多くは、興味本位の対象としてしか天皇を見ていませんでした。その一人だったジャーナリストのマーク・ゲイン(一九〇二～一九八一)は、天皇を「チャーリイ」と呼んでいたこと、天皇が「あ、そう」と言うたびに「お互いに肱でつっつきあったり、笑ったり、真似をしたりした」ことを日記に記しています

(『ニッポン日記』井本威夫訳、ちくま文庫、一九九八年)。現在でも、日本を訪れる外国人のほとんどは、天皇を「神」として見ていませんし、万歳も叫びません。こうした人々が国内に増えれば、必然的に「人間」への道が開かれることになります。

そろそろまとめに入りましょう。「おことば」に反して、ポスト平成の皇室が平成と全く同じということはあり得ません。それがどうなるかは、天皇徳仁と皇后雅子が、「おことば」で示されたような平成における天皇と国民の関係を改め、明治以来天皇とともに強まってきた国民国家という枠組みを超えた天皇と皇后になるのか、それとも昭和以前のように皇后の存在感が相対的に小さくなり、右派が目指すような天皇の権威化が進むのか、そのどちらに向かうかによって大きく変わってくるでしょう。

ただどちらに向かうにせよ、「おことば」で定義された象徴としての務めが完全に消えるわけではありません。その務めは天皇と皇后以上に皇位を意識する皇嗣と皇嗣妃に受け継がれ、大正を経たあとに明治が理想としてよみがえったように、ポスト平成を経たあとに平成が理想としてよみがえることはあり得ると思います。

平成は二〇一九年四月三〇日で終わります。けれどもそれは、明治、大正、昭和とは異なり、天皇自身が生涯を終えることを意味しません。この点では元号が変わっても、「平成」は生き続けるとも言えるのです。おそらく、平成を振り返るさまざまな企画は、上皇明仁が亡くなったときにもまた出てくるでしょう。「平成」の影が簡単に消え去ることはないのです。

あとがき

二〇一六年八月八日の「おことば」発表から一九日後の八月二七日、『毎日新聞』朝刊に社会学者の北田暁大さんが連載していた「北田暁大が聞く　危機の20年」（一回分を除き北田暁大『終わらない「失われた20年」　嗤う日本の「ナショナリズム」・その後』、筑摩選書、二〇一八年に収録）の第五回として、「生前退位」をテーマとする北田さんと私の対談が掲載されました。

そのなかに、「平成になると、宮中祭祀に天皇と皇后がそろって出席するようになったばかりか、行幸も皇后が同伴する行幸啓となり、ますます比重が大きくなりました」という私の発言があります。この発言を敷衍すると、「（香淳）皇后が骨折した七〇年代後半以降、宮中祭祀も行幸も天皇単独の場合が多くなりましたが、平成になると、宮中祭祀に天皇と皇后がそろって出席するようになったばかりか、行幸も皇后が同伴する行幸啓となり、ますます比重が大きくなりました」となります。

新聞の紙面というのは、きわめて行数が限られています。記者は規定の行数におさまるよう、原稿を書くわけです。北田さんと私の対談も、同席した記者が録音テープをもとにまず原稿を書き、電子メールで送られてきたその原稿を、行数を増やさない形で直しを入れて戻しました。「皇后が……多くなりましたが」の部分は、たとえ入れなくても発言の大意は読者に伝わるだろうと判断しました。

ところが、宮内庁は同年九月二三日、ホームページの「皇室関連報道について」で、「平成二八年八月二七日付け毎日新聞朝刊の『危機の20年』と題する記事の中で、原武史氏は……と述べています」とあるように、私の名前に触れながらこの発言を取り上げ、異様に長い反論をしています。そして最後に、こう結んでいます。

宮中祭祀や地方ご訪問については、戦後から既に天皇と皇后がお揃いでなさっておられ、御成婚後の今上両陛下は、これをそのままに受け継がれ、昭和、平成とお続けになっておられるものであり、平成になってから、宮中祭祀や地方ご訪問を両陛下でなさるように変わったという事実は全くありません。

以上のことについては、過去にも宮内庁ホームページで事実関係を詳しく説明し、繰り返し注意を喚起してきたところ（中略）でありますが、未だにこうした基本的な事実を確認せずに皇室について議論がなされることは遺憾であり、第三者の対談ではありますが、この点の事実関係の誤認については毎日新聞社にも伝えました。

この文章には正直言って驚きました。私の発言に誤解を与える余地があったにせよ、世界中の誰もが簡単に閲覧することのできるホームページで私を名指しした上、「未だにこうした基本的な事実を確認せずに皇室について議論がなされることは遺憾」と一方的に断定する語調には、単なる反論を超えた感情がにじんでいるように思われたからです。

しかしもちろん、私は「基本的な事実を確認せずに皇室について議論」をしているわけではありません。この言葉は、宮内庁にそっくりお返ししたいと思います。昭和天皇と香淳皇后が行ってきた宮中祭祀や行幸啓を、天皇明仁と皇后美智子が「そのままに受け継がれ、昭和、平成とお続けになっておられる」(傍点引用者)という反論が全く当たっていないことは、本書で縷々述べた通りだからです。

その意味で本書は、私自身に向けられた宮内庁の反論に対する「再反論」として書かれたと言っても過言ではありません。

ある事情通から聞いた話ですが、特定の人名に言及して宮内庁がここまで反論するのは、きわめて珍しいそうです。こんなことは、宮内庁単独の判断ではできない。その背後にはどうやら、皇室関係のすべての記事を日々チェックし、目を光らせている「ある人物」の存在が見え隠れしているようです。具体的な名前は控えますが、その名前を聞いたとき、なるほどと思ったこともまた確かでした。

本書は、前作の『「昭和天皇実録」を読む』同様、二〇一六年一一月四日から一八年一〇月二三日にかけて、八回にわたり岩波書店で行った天皇退位や平成の終焉に関する講義をもとにしながら、新たに書き下ろしたものです。

今回もまた講義に出席してくださった編集部の中本直子さん、伊藤耕太郎さん、堀由貴子さん、大山美佐子さん、清宮美稚子さん、清水野亜さん、新たに出席してくださった編集部の杉田守康さん、ジャーナリストの井戸まさえさん、前回同様、録音と編集を担当してくださった編集部の中山永基さんに感謝いたします。また朝日新聞社の中田絢子さんには、皇太子(妃)時代の明仁と美智子の東京都多摩地域への行啓につき、ご教示をいただきました。合わせて感謝いたします。

すでに述べたように、「おことば」は日本国憲法で主権者と定められている国民が、同じく憲法で象徴と定められている天皇の務めについて、いかに議論してこなかったかをかえって浮き彫りにしました。ポスト平成の時代には、国民の一人ひとりがこの点を十分に反省し、望ましい天皇制のあり方について、制度そのものを存続すべきか否かも含めて真剣に議論することが求められるでしょう。

天皇制をめぐる議論には、依然としてタブーが存在します。宮内庁のような組織がそれを助長し、言論の自由を萎縮させることがあってはなりません。本書がそうした議論を活発化させるための一助となることを心から願っています。

二〇一九年三月

原　武史

巻末表1　皇太子夫妻の主な国内行啓一覧
（浩宮，礼宮，紀宮を同伴する場合も含む．皇太子，皇太子妃単独の場合は除く）

年　月　日	場　所	目　　　的
1959. 4.17- 4.19	三重県・奈良県	伊勢神宮，神武天皇陵への結婚奉告
1960. 9. 6	東京都	団地視察
1961. 3.26- 4. 1	長野県	第3回ホルスタイン供進会，日本赤十字社水防災害救助演習，産業文化博覧会視察
5.31- 6. 1	福島県	第4回放魚祭出席
10.12-10.18	京都府・奈良県・富山県	正倉院見学，第20回全日本産業安全大会開会式出席
1962. 4. 3	神奈川県	こどもの国視察
4. 4- 4. 6	大阪府	国際青年会議所大阪会議出席，第5回国際見本市視察
5. 2- 5.14	宮崎県・鹿児島県・熊本県	赤十字奉仕団九州連合大会出席
7.27	神奈川県	日本海洋少年団全国大会出席
8. 3- 8. 5	静岡県	日本ジャンボリー出席
8.17- 8.18	長野県	第4回国立公園大会出席
9.15- 9.18	岡山県	第17回国民体育大会夏季大会出席
1963. 8. 5- 8. 8	長野県	野尻湖への私的旅行
9.13- 9.19	山口県・岡山県	第18回国民体育大会夏季大会出席および池田厚子見舞い
10.23-10.25	栃木県	日光への私的旅行
12. 5	神奈川県	こどもの国視察
1964. 1.26- 1.27	神奈川県	第19回国民体育大会冬季大会スケート競技会出席
3.22- 3.24	千葉県	家族旅行
8.26- 8.28	長野県・富山県	八方尾根登山，関西電力黒部第四ダム視察
11.18-11.20	埼玉県	地方事情視察

巻末表 1　皇太子夫妻の主な国内行啓一覧

1965. 1.25- 1.29	神奈川県・静岡県	地方事情視察
8.31	長野県	国際大学協会第 4 回総会出席
1966. 7.31- 8. 3	青森県	全国高校総合体育大会出席
8. 6- 8.10	岡山県・鳥取県	日本ジャンボリー，第 8 回国立公園大会出席
9.16- 9.20	大分県	第 21 回国民体育大会夏季大会出席
11. 3-11. 9	福岡県・大分県・京都府	第 2 回全国身体障害者スポーツ大会，第 21 回国際青年会議所世界会議開会式出席
1967. 1.26- 1.27	栃木県	第 22 回国民体育大会冬季大会スケート競技会出席
2.24- 2.28	新潟県	苗場へのスキー旅行
7.24- 7.26	長野県	家族旅行
9.16- 9.18	埼玉県	第 22 回国民体育大会夏季大会出席
9.20	東京都	福祉施設訪問
10. 5-10.10	島根県	地方事情視察
11. 3-11. 5	埼玉県	第 3 回全国身体障害者スポーツ大会出席
1968. 2. 5- 2. 9	新潟県	苗場へのスキー旅行
3.28- 3.31	愛知県・大阪府	あすをきずく青少年のつどい全国大会出席，千里ニュータウン・万博会場視察
4. 5- 4.12	鹿児島県・熊本県・福岡県	鹿児島県明治百周年記念式典出席，地方事情視察
7.24- 7.29	岡山県・広島県	明治百年記念栽培漁業放魚祭，全国高校総合体育大会出席
7.31- 8. 3	福島県	第 10 回国立公園大会出席
8. 5- 8. 8	静岡県	家族旅行
8. 8- 8.10	兵庫県	第 50 回全国高校野球選手権大会開会式出席
9. 3- 9. 8	福井県・京都府	第 23 回国民体育大会夏季大会出席
1969. 7.31- 8. 2	群馬県	全国高校総合体育大会出席
8.25- 8.27	長野県	地方事情視察
9. 5- 9.11	長崎県	第 24 回国民体育大会夏季大会出席
1970. 1.23- 1.25	長野県	第 25 回国民体育大会冬季大会スケート競

		技会出席
3. 9- 3.10	千葉県	家族旅行
3.13- 3.19	大阪府・奈良県	日本万国博覧会開会式，あすをきずく青少年のつどい全国大会出席
3.26- 3.29	新潟県	苗場へのスキー旅行
6. 9- 6.11	大阪府	日本万国博覧会視察
6.28- 7. 1	大阪府	万国博「日本の日」式典出席
7.24- 7.26	静岡県	家族旅行
7.31- 8. 4	大阪府・岐阜県・静岡県	ガールスカウト世界の祭典出席
8. 7- 8. 8	静岡県	日本ジャンボリー出席
9. 5- 9. 8	岩手県	第 25 回国民体育大会夏季大会出席
9.10- 9.13	大阪府	日本万国博覧会閉会式出席
10. 7-10. 9	栃木県	私的旅行
10.13-10.14	神奈川県	国際ロータリー第 359 区年次大会出席
10.22-10.29	岩手県・秋田県	第 6 回全国身体障害者スポーツ大会，全国学校保健研究大会出席
11.11-11.13	千葉県	第 19 回国際職業訓練競技大会臨席
1971. 2. 5- 2.10	北海道	札幌国際冬季スポーツ大会臨席
3.28- 4. 1	新潟県	スキー旅行
4. 4- 4. 5	大阪府・京都府	造幣事業 100 年記念式典出席
5. 6	神奈川県	戦没船員追悼式出席
7.21- 7.22	長野県	第 2 回全国農村青少年研修教育センター研修生交換大会臨席
7.31- 8. 8	徳島県・香川県・静岡県	全国高校総合体育大会，世界ジャンボリー出席
8.11- 8.14	静岡県	家族旅行
9. 4- 9. 7	和歌山県	第 26 回国民体育大会夏季大会出席
9.13	神奈川県	社会福祉法人神奈川県老人福祉事業団七沢リハビリテーションセンター視察
11. 5-11.10	和歌山県	第 7 回全国身体障害者スポーツ大会臨席
1972. 1. 5- 1. 6	栃木県	第 27 回国民体育大会冬季大会スケート競技会臨席
1.29- 2. 1	北海道	第 72 次国際オリンピック委員会総会，第

巻末表1　皇太子夫妻の主な国内行啓一覧

		7回あすをきずく青少年のつどい全国大会臨席
2.10- 2.14	北海道	札幌オリンピック冬季大会開会式臨席
4. 5	神奈川県	こどもの国視察
7.24- 7.28	静岡県	家族旅行
8. 1- 8. 4	山形県	全国高校総合体育大会出席
9.12- 9.19	鹿児島県・京都府	第27回国民体育大会夏季大会，第5回世界麻酔学会出席
9.27	東京都	福祉施設訪問
10.18-10.20	宮城県	宮城県制100年記念式典出席
11. 7-11.14	兵庫県・鹿児島県	戦没若人のための慰霊祭，第8回全国身体障害者スポーツ大会臨席
11.19	千葉県	第1回全国障害者技能競技大会出席
1973. 3.23- 3.24	千葉県	家族旅行
7.23- 7.25	静岡県	家族旅行
7.31- 8. 4	三重県	全国高校総合体育大会出席
8. 7- 8.10	熊本県	第15回自然公園大会出席
9. 8- 9.11	千葉県	第28回国民体育大会夏季大会出席
10.26-10.28	千葉県	第9回全国身体障害者スポーツ大会臨席
1974. 2.16- 2.18	福島県	第29回国民体育大会冬季大会スキー競技会出席
5.23	神奈川県	福祉施設訪問
7.16- 7.20	愛媛県	第10回献血運動推進全国大会出席
7.31- 8. 2	福岡県	全国高校総合体育大会出席
9. 7- 9. 9	茨城県	第29回国民体育大会夏季大会出席
9.27- 9.29	滋賀県	滋賀県希望が丘文化公園完成記念祭典出席
11. 1-11. 2	茨城県	第10回全国身体障害者スポーツ大会出席
11.12-11.14	愛知県	地方事情視察
11.26	東京都	東京学芸大学教育学部附属養護学校訪問
1975. 5.31- 6. 3	大分県	第1回極東・南太平洋身体障害者スポーツ大会臨席
7.17- 7.19	沖縄県	沖縄国際海洋博覧会開会式出席
8. 1	東京都	全国高校総合体育大会出席
9.12- 9.16	三重県	第30回国民体育大会夏季大会出席
11. 6-11.10	三重県・愛	第11回全国身体障害者スポーツ大会，あ

	知県	すをきずく青少年のつどい全国大会出席
12.18-12.19	静岡県	運輸省航海訓練所練習船北斗丸進水式出席
1976. 1.17- 1.18	沖縄県	沖縄海洋博覧会閉会式出席
2.13- 2.16	富山県	第31回国民体育大会冬季大会スキー競技会臨席
5.17- 5.20	兵庫県	住宅・都市及び地域計画国際連合兵庫国際会議出席
7.13- 7.16	岐阜県	第12回献血運動推進全国大会出席
7.24- 7.28	高知県	第18回自然公園大会出席
8. 1- 8. 3	長野県	全国高校総合体育大会出席
9.18- 9.20	佐賀県	第31回国民体育大会夏季大会出席
10. 7-10. 8	山梨県	地方事情視察
11. 5-11. 8	佐賀県・長崎県	第12回全国身体障害者スポーツ大会出席
1977. 2.14	八丈島	地方事情視察
7. 5	東京都	国立療養所多磨全生園訪問
7.15- 7.17	静岡県	家族旅行
7.19- 7.21	宮城県	第13回献血運動推進全国大会出席
7.31- 8. 3	岡山県	全国高校総合体育大会出席
9. 3- 9. 6	青森県	第32回国民体育大会夏季大会出席
9.12- 9.17	宮崎県・大分県	SS運動10周年記念大会，SAP15周年記念式典，第1回全国育樹祭出席
10.13-10.16	青森県	第13回全国身体障害者スポーツ大会出席
1978. 1. 4- 1. 5	栃木県	日本学生氷上競技選手権大会出席
5.13- 5.14	京都府	国際眼科学会開会式出席
5.31- 6. 1	大阪府	太平洋小児外科学会議開会式出席
7.18- 7.20	鳥取県	第14回献血運動推進全国大会出席
7.24- 7.26	広島県	第20回自然公園大会出席
7.31- 8. 2	福島県	全国高校総合体育大会出席
8. 3- 8. 8	静岡県	日本ジャンボリー出席および家族旅行
9. 9- 9.12	長野県	第33回国民体育大会夏季大会出席
9.12- 9.15	京都府	第8回世界クラフト会議出席
10. 5-10. 8	秋田県	第2回全国育樹祭出席
10.27-10.29	長野県	第14回全国身体障害者スポーツ大会出席

巻末表1　皇太子夫妻の主な国内行啓一覧

1979. 1.27- 1.29	山形県	インタースキー日本大会出席
5. 6	神奈川県	国際児童年記念フェスティバル出席
7.31- 8. 2	愛知県・滋賀県	世界と日本のこども展開会式，全国高校総合体育大会出席
9.15- 9.17	宮崎県	第34回国民体育大会夏季大会出席
10.26-10.28	宮崎県	第15回全国身体障害者スポーツ大会出席
11. 4-11. 5	福岡県	第3回全国育樹祭出席
1980. 2.13- 2.15	北海道	第35回国民体育大会冬季大会スキー競技会出席
4. 6- 4. 8	京都府	第6回LNG(液化天然ガス)国際会議開会式出席
5. 2	伊豆大島	地方事情視察
7.22- 7.24	兵庫県	第16回献血運動推進全国大会出席
7.31- 8. 2	愛媛県	全国高校総合体育大会出席
9. 6- 9. 8	栃木県	第35回国民体育大会夏季大会出席
10. 8-10.12	福井県	第4回全国育樹祭出席
10.14-10.15	東京都	秩父多摩国立公園指定30周年記念式典出席
10.24-10.26	栃木県	第16回全国身体障害者スポーツ大会出席
12. 2	埼玉県	さきたま風土記の丘視察
1981. 1.25- 1.26	山梨県	第36回国民体育大会冬季大会スケート・アイスホッケー競技会出席
7.14- 7.16	香川県	第17回献血運動推進全国大会出席
9. 6- 9. 8	京都府	国際林業研究機関連合第17回世界大会出席
9.12- 9.15	滋賀県	第36回国民体育大会夏季大会出席
9.20- 9.21	京都府	第12回世界神経学会出席
9.28- 9.30	大分県	第1回全国豊かな海づくり大会出席
10. 9-10.12	新潟県	第5回全国育樹祭出席
10.23-10.25	滋賀県	第17回全国身体障害者スポーツ大会出席
1982. 6.21	東京都	井の頭自然文化園訪問
7.20- 7.21	静岡県	第18回献血運動推進全国大会出席
7.26- 7.28	兵庫県	第2回全国豊かな海づくり大会出席
7.31- 8. 3	鹿児島県	全国高校総合体育大会出席
9.11- 9.14	島根県	第37回国民体育大会夏季大会出席
10.11-10.12	長野県	第6回全国育樹祭出席

10.15-10.17	島根県	第18回全国身体障害者スポーツ大会出席
1983. 5. 1	千葉県	国立歴史民俗博物館視察
5.14- 5.16	福岡県	太平洋小児外科学会議開会式出席
6. 7- 6. 8	茨城県	筑波研究学園都市視察
7.12- 7.13	沖縄県	第19回献血運動推進全国大会出席
7.16- 7.17	和歌山県	第3回全国豊かな海づくり大会出席
7.26- 7.28	鹿児島県	第25回自然公園大会出席
8. 1- 8. 4	愛知県	全国高校総合体育大会出席
8. 4- 8. 5	静岡県	家族旅行
9.10- 9.12	群馬県	第38回国民体育大会夏季大会出席
10. 2-10. 4	富山県	第7回全国育樹祭出席
10. 7-10. 8	大阪府	大阪21世紀計画開幕式出席
10.28-10.30	群馬県	第19回全国身体障害者スポーツ大会出席
1984. 1.27- 1.29	北海道	第39回国民体育大会冬季大会スケート・アイスホッケー競技会臨席
7.30- 8. 2	秋田県	全国高校総合体育大会出席
8.27- 8.28	滋賀県	世界湖沼環境会議開会式出席
8.30- 9. 4	山梨県・長野県	家族旅行
9. 7- 9.10	奈良県	第39回国民体育大会夏季大会出席
10. 3-10. 8	三重県・京都府	第4回全国豊かな海づくり大会，第17回国際内科学会議開会式出席，国際伝統工芸博京都視察
10.13-10.15	岩手県	第8回全国育樹祭出席
10.26-10.28	奈良県	第20回全国身体障害者スポーツ大会臨席
1985. 3.14- 3.16	茨城県	科学万博つくば’85開会式出席
5. 6	神奈川県	こどもの国開園20周年記念式典出席
7. 9- 7.11	山梨県	ベルギー国王案内
7.16- 7.17	青森県	第21回献血運動推進全国大会出席
7.31- 8. 3	石川県	全国高校総合体育大会出席
8.23- 8.27	兵庫県・徳島県	ユニバーシアード神戸大会出席
9. 8- 9.10	北海道	第5回全国豊かな海づくり大会出席
9.13- 9.15	茨城県	科学万博つくば’85閉会式出席

巻末表1　皇太子夫妻の主な国内行啓一覧

11. 1-11. 3	鳥取県	第21回全国身体障害者スポーツ大会出席
11. 8-11.11	大分県	第5回大分国際車いすマラソン大会出席
11.18-11.19	千葉県	第9回全国育樹祭出席
1986. 1.27- 1.28	山梨県	第41回国民体育大会冬季大会スケート・アイスホッケー競技会出席
8.26- 8.27	長野県	家族旅行
9. 9- 9.11	熊本県	熊本グリーンサミット会議，天皇陛下ご在位60年記念全国慶祝都市緑化祭出席
10. 5-10. 7	福井県	第6回全国豊かな海づくり大会出席
10.11	東京都	東京競馬場で競馬観戦
10.24-10.26	山梨県	第22回全国身体障害者スポーツ大会出席
11. 8-11.10	愛知県	国際青年会議所世界会議開会式出席
11.15-11.18	宮崎県	第10回全国育樹祭出席
1987. 1.26- 1.27	長野県	第42回国民体育大会冬季大会スケート・アイスホッケー競技会出席
6. 5- 6. 6	栃木県	家族旅行
7. 7- 7. 8	埼玉県	第23回献血運動推進全国大会出席
7.18- 7.21	鹿児島県	第7回全国豊かな海づくり大会出席
7.31- 8. 2	北海道	全国高校総合体育大会出席
9.13- 9.16	北海道	第11回全国育樹祭出席
10.24-10.25	沖縄県	第42回国民体育大会秋季大会出席
11. 1	東京都	東京競馬場で競馬観戦
11.12-11.15	沖縄県	第23回全国身体障害者スポーツ大会出席
1988. 4. 9- 4.11	岡山県・香川県	瀬戸大橋開通式出席，瀬戸大橋架橋記念博覧会視察
5.21- 5.22	香川県	第39回全国植樹祭出席
7. 5- 7. 7	奈良県	第24回献血運動推進全国大会出席，なら・シルクロード博覧会視察
7.17- 7.24	京都府・兵庫県・石川県	第8回国際内分泌学会開会式，第18回国際医学検査学会総会開会式出席，第30回自然公園大会臨席
7.30- 8. 1	兵庫県	全国高校総合体育大会出席
8. 3- 8. 5	栃木県	家族旅行
9.17- 9.19	山形県	第12回全国育樹祭出席

巻末表2　皇太子夫妻の昭和期の行啓

北海道	札幌市，千歳市，恵庭市(1971) 札幌市(1972) 小樽市(1980) 釧路市，阿寒町(1984) 女満別町，網走市，常呂町，佐呂間町，湧別町(1985) 苫小牧市，千歳市，札幌市，根室市，別海町，厚岸町，浜中町，釧路市(1987)
青森県	青森市，黒石市，弘前市，十和田町，八戸市(1966) 八戸市，青森市，むつ市，三沢市(1977) 三沢市，青森市(1985)
岩手県	盛岡市，宮古市，大槌町，釜石市，花巻市，一関市，平泉町，水沢市，金ヶ崎町，北上市，雫石町(1970) 盛岡市，岩手町，花巻市，松尾村(1984)
宮城県	仙台市，秋保町，多賀城市，松島町，塩釜市(1972) 仙台市，大和町，岩出山町，鳴子町，古川市(1977)
秋田県	田沢湖町，角館町，秋田市，男鹿市，大潟村，能代市，大館市(1970) 秋田市，湯沢市，羽後町，大曲市，田沢湖町(1978) 雄和町，岩城町，矢島町，由利町，仁賀保町，本荘市(1984)
山形県	山形市，上山市，山辺町，米沢市，最上町，鶴岡市，温海町，酒田市，遊佐町(1972) 山形市，天童市(1979) 天童市，山形市，山辺町，上山市，寒河江市，河北町(1988)
福島県	福島市，飯坂町，磐城市，勿来市(1961) 福島市，飯坂町，北塩原村，猪苗代町，会津若松市，郡山市(1968) 猪苗代町(1974) 福島市，梁川町，郡山市，西郷村，白河市(1978)
茨城県	水戸市，大洗町，鹿島町，桜川村，潮来町，内原町，那珂町，勝田市(1974) 桜村(1983)

巻末表2　皇太子夫妻の昭和期の行啓

	谷田部町(1985)
栃木県	那須町(那須御用邸) 日光市(1963, 66, 67, 70, 72, 78, 87, 88) 宇都宮市(1967) 宇都宮市，益子町(1980)
群馬県	高崎市，富岡市，榛名町，伊香保町，水上町，前橋市，沼田市，月夜野町，群馬町，粕川村，館林市，桐生市，太田市(1969) 草津町，館林市，桐生市，伊勢崎市，前橋市，水上町，高山村，榛名町(1983) 草津町(1986)
埼玉県	越谷市(1959, 61) 草加市，岩槻市，杉戸町，行田市，熊谷市，寄居町，野上町，秩父市，飯能市，毛呂山町，西武町(1964) 川口市，浦和市，春日部市，上尾市(1967) 行田市，岩槻市(1980) 熊谷市，東松山市，大宮市，浦和市(1987)
千葉県	館山市，白浜町，千倉町，和田町，丸山町，鴨川町，天津小湊町(1964) 千倉町，白浜町，和田町，鴨川町，勝浦市，千葉市，袖ヶ浦町，富津町，市原市(1970) 千葉市(1972) 千葉市，四街道町，館山市，白浜町，和田町，鴨川市，勝浦市，木更津市，市原市，大栄町，佐原市，小見川町(1973) 君津市(1974) 市川市，佐倉市(1983) 富津市(1985) 我孫子市(1987)
東京都(区部を除く)	八王子市(多摩御陵) 田無町，武蔵野市(1960) 町田市(1967) 昭島市(1972) 東久留米市(1974) 東村山市，八丈町(1977) 大島町，青梅市，奥多摩町(1980)

	三鷹市，武蔵野市(1982) 府中市(1986, 87)
神奈川県	葉山町(葉山御用邸) 横須賀市(1961, 71, 77, 84) 横浜市(1962, 63, 66, 72, 73, 79, 85, 86, 87) 相模原市(1963) 箱根町(1964, 65) 小田原市(1965) 大磯町(1966) 三浦市(1967, 68) 藤沢市，鎌倉市(1970) 厚木市(1971) 二宮町，小田原市(1974)
新潟県	湯沢町(1967, 68, 70, 71) 新潟市，両津市，真野町，相川町，燕市，弥彦村，新発田市，中条町，黒川村(1981)
富山県	高岡市，砺波市，呉羽町，富山市，魚津市，黒部市，大沢野町，宇奈月町，立山町(1961) 立山町(1964) 富山市，立山町，大山町(1976) 砺波市，大山町，小杉町，富山市，高岡市(1983)
石川県	根上町，寺井町，金沢市，加賀市，小松市(1985) 金沢市，羽咋市，七尾市，門前町，輪島市，柳田村，内浦町(1988)
福井県	福井市，鯖江市，敦賀市，美浜町，小浜市(1968) 福井市，芦原町，永平寺町，勝山市，大野市，宮崎村，武生市，今立町，鯖江市，丸岡町(1980) 敦賀市，小浜市，高浜町，大飯町，上中町，三方町(1986)
山梨県	河口湖町，忍野村，甲府市，韮崎市(1976) 勝沼町，甲府市，河口湖町(1981) 大泉村(1984) 甲府市，白根町，田富町(1985) 大月市，富士吉田市，河口湖町，甲府市(1986)

巻末表2　皇太子夫妻の昭和期の行啓

長野県	軽井沢町(千ヶ滝プリンスホテル) 松本市，穂高町，諏訪市，長門町，丸子町，上田市，長野市，須坂市，小布施町(1961) 山ノ内町(1962) 信濃町(1963) 長野市，白馬村，大町市，美麻村(1964) 長野市(1965, 76, 78) 松本市，安曇村(1967) 丸子町，立科町，諏訪市，飯田市，鼎町，飯島町，駒ヶ根市，伊那市，箕輪町(1969) 本郷村，松本市(1970) 茅野市，原村(1971, 79) 長野市，須坂市，下諏訪町，松本市，諏訪市，木曽福島町，上松町，南木曽町，山口村(1978) 立科町，茅野市(1982) 南牧村(1984) 立科町(1986)
岐阜県	上宝村(1967) 岐阜市(1970) 岐阜市，谷汲村，北方町，関市，下呂町，高山市(1976)
静岡県	沼津市，御殿場市(1962) 伊東市，東伊豆町(1965) 細江町(1968, 71, 77) 細江町，湖西町，浜松市，御殿場市，小山町(1970) 富士宮市，沼津市，御殿場市(1971) 細江町，浜北市(1972) 細江町，下田市(1973) 静岡市，清水市(1975) 細江町，御殿場市(1978) 下田市，南伊豆町，静岡市(1982) 三ヶ日町，細江町，引佐町(1983)
愛知県	名古屋市，一宮市，犬山市，瀬戸市，長久手村，東郷村(1968) 幡豆町，伊良湖町，渥美町，赤羽根町，長久手町，名古屋市，春日井市(1974)

	長久手町(1975) 長久手町，名古屋市(1979) 名古屋市，犬山市，小牧市，瀬戸市，小原村，豊田市，岡崎市，田原町(1983) 名古屋市，稲沢市，一宮市(1986)
三重県	伊勢市(1959) 阿児町，伊勢市，鳥羽市，松阪市，津市，久居市，名張市，上野市，菰野町，四日市市(1973) 阿児町，伊勢市，菰野町，四日市市，鈴鹿市，津市，久居市，大宮町，大台町，長島町，桑名市，熊野市，尾鷲市，鳥羽市(1975) 津市，伊勢市，南勢町，多気町，紀伊長島町，阿児町，浜島町(1984)
滋賀県	彦根市，大津市，近江八幡市，安土町，草津市，野洲町(1974) 大津市，中主町，野洲町(1979) 彦根市，浅井町，びわ町，守山市，大津市(1981) 大津市(1984)
京都府	京都市(1961, 66, 71, 72, 80, 81, 84) 峰山町，宮津市(1968) 八幡市，京都市(1978)
大阪府	大阪市，堺市，豊中市，吹田市，茨木市(1962) 吹田市，大阪市(1968) 吹田市，大阪市，能勢町，松原市，富田林市(1970) 大阪市(1971) 大阪市，堺市，吹田市(1978) 大阪市，豊中市，吹田市(1983)
兵庫県	神戸市(1966, 76, 81, 88) 尼崎市，西宮市，芦屋市，神戸市(1968) 一宮町，五色町，洲本市，南淡町(1972) 神戸市，加西市，姫路市(1975) 神戸市，三木市，小野市，社町，西脇市(1980) 浜坂町，温泉町，香住町，豊岡市，城崎町，和田山町，青垣町，春日町(1982) 神戸市，洲本市(1985)

巻末表2　皇太子夫妻の昭和期の行啓

奈良県	奈良市，橿原市(1959) 奈良市(1961, 64) 奈良市，天理市，桜井市，室生村(1970) 榛原町，奈良市，明日香村，桜井市，天理市，月ヶ瀬村，吉野町(1984) 大和郡山市，奈良市(1988)
和歌山県	和歌山市，岩出町，那賀町，伊都町，橋本市，高野町，有田市，日置川町，上富田町，白浜町，由良町，南部町，串本町，太地町，那智勝浦町，新宮市，田辺市(1971) 白浜町，串本町，御坊市(1983)
鳥取県	鳥取市，羽合町，倉吉市，三朝町，大山町，江府町，境港市，米子市(1966) 鳥取市，境港市，米子市，北条町，三朝町，佐治村(1978) 鳥取市，国府町(1985)
島根県	松江市，西ノ島町，海士村，西郷町，玉湯町，大社町，出雲市，津和野町，益田市，浜田市，安来市(1967) 平田市，松江市，美保関町，大田市，邑智町，江津市，出雲市，大社町(1982)
岡山県	岡山市，玉野市，倉敷市(1962) 岡山市(1963) 岡山市，吉井町，美作町，勝北町，奈義町，津山市(1966) 岡山市，玉野市(1968) 岡山市，津山市(1977) 岡山市，倉敷市(1988)
広島県	福山市，仙酔島，尾道市，三原市，広島市，呉市，宮島町(1968) 宮島町，広島市，大竹市，呉市(1978)
山口県	阿知須町，山口市，美祢市，宇部市，小郡町，防府市，徳山市，下松市，光市，岩国市(1963)
徳島県	鳴門市，徳島市，小松島市，阿南市，日和佐町(1971) 鳴門市(1985)
香川県	高松市，坂出市(1971) 高松市，飯山町，琴平町，仁尾町，丸亀市(1981) 高松市，坂出市，綾南町，香南町，満濃町(1988)

愛媛県	松山市，松前町，宇和島市，津島町，西海町，愛南町，砥部町(1974) 松山市(1980)
高知県	高知市，中村市，土佐清水市(1976)
福岡県	福岡市(1962) 福岡市，大野町(1966) 久留米市，福岡市(1968) 福岡市，太宰府町，久留米市(1974) 福岡市，宇美町，太宰府町(1979) 福岡市，玄海町(1983)
佐賀県	鳥栖市，佐賀市，川副町，唐津市，伊万里市，嬉野町，中原町，大和町，多久市，武雄市，鹿島市(1976)
長崎県	大村市，川棚町，佐世保市，時津町，長崎市，野母崎町，諫早市，勝本町，芦辺町，郷ノ浦町(1969) 小長井町(1976)
熊本県	八代市，人吉市，上村，三角町，熊本市，天水町，河内芳野村，阿蘇町，長陽村(1962) 熊本市，本渡市，松島町(1968) 熊本市，松橋町，植木町，長洲町，菊水町，一の宮町，阿蘇町，長陽村(1973) 熊本市，松橋町，大津町(1986)
大分県	大分市，臼杵市，日田市，湯布院町，別府市，宇佐市，中津市(1966) 大分市，別府市，武蔵町(1975) 別府市，大分市，日出町(1977) 杵築市，大分市，別府市，佐伯市，鶴見町，上浦町(1981) 国東町，杵築市，大分市，別府市(1985)
宮崎県	宮崎市，延岡市，高鍋町，都農町，日南市，高原町，小林市(1962) 宮崎市，高鍋町，西都市，川南町，国富町(1977) 宮崎市，日南市，北郷町(1979) 延岡市，日向市，宮崎市，都城市，小林市，高原町(1986)
鹿児島県	牧園町，鹿児島市，西桜島村，谷山市，山川町，指宿市，溝辺

巻末表 2　皇太子夫妻の昭和期の行啓

	町，鹿屋市，吾平町，垂水市，川内市(1962) 鹿児島市，笠利町，名瀬市，瀬戸内町，住用村，古仁屋町(1968) 鹿児島市，隼人町，徳之島(天城町，伊仙町，徳之島町)，鹿屋市，伊集院町，吉田町，種子島，屋久島(1972) 鹿児島市，種子島(1982) 溝辺町，鹿児島市，指宿市，開聞町，山川町(1983) 知覧町，指宿市，枕崎市，川辺町，加世田市，吹上町，鹿児島市(1987)
沖縄県	糸満市，那覇市，名護市，本部町(1975) 伊江島，本部町，今帰仁村(1976) 糸満市，那覇市(1983) 糸満市，那覇市，沖縄市，恩納村(1987)

巻末表3　お立ち台一覧(1961-77年)

年月日	お立ち台	広場	人数
1961. 5.31	福島県庁2階バルコニー	県庁前広場	20,000
10.18	吉田工業黒部工場バルコニー	工場前広場	不明
1962. 5. 2	宮崎県庁3階	県庁前広場	3,000
5.12	熊本県立第一高校	グラウンド	4,000
1963. 9.14	山口県庁2階バルコニー	県庁前広場	5,000
9.17	防府市公会堂バルコニー	公会堂前広場	不明
1964.11.19	秩父市役所3階バルコニー	市役所前広場	30,000
1966. 8. 9	米子市役所2階バルコニー	市役所前広場	不明
9.18	日田市大原グラウンド	グラウンド	10,000
1967.10. 5	島根県庁2階バルコニー	県庁前広場	10,000
1968. 4. 5	鹿児島県庁バルコニー	県庁前広場	10,000
4.11	本渡市役所2階ベランダ	市役所前広場	20,000
7.31	福島県庁2階バルコニー	県庁前広場	3,000
8. 3	郡山市役所2階バルコニー	市役所前広場	不明
1970. 9. 5	岩手県庁3階バルコニー	県庁前広場	8,000
10.26	秋田県民ホールバルコニー	県庁前広場	4,000
1971. 8. 3	阿南市役所	市役所前広場	3,500
1972. 8. 1	山形市役所2階市長室	市役所前広場	2,000
8. 2	米沢市役所バルコニー	市役所前広場	3,000
9.12	鹿児島県庁バルコニー	県庁前広場	4,000
1973. 8. 2	松阪市役所バルコニー	市役所前広場	不明
1974. 9. 8	茨城県桜川村役場2階ベランダ	村役場前広場	2,000
1976. 7.16	高山陣屋	陣屋前広場	8,000
1977. 7.19	宮城県庁バルコニー	県庁前広場	3,000

巻末表4　主な懇談会一覧(1962-77年)

年月日	場　所	相　手	人数	時　間
1962. 5. 3	宮崎・青島寮	青年代表	11	2時間
5. 7	鹿児島・岩崎谷荘	青年代表	10	2時間30分
5.13	熊本・ホテルキャッスル	青年代表	11	1時間30分
1963. 9.16＊	宇部ゴルフ観光ホテル	保健婦，栄養士	3	1時間50分
9.17	小郡・山口県農協会館	農村青年代表	23	40分
1964.11.19	秩父セメント有恒クラブ談話室	青年代表	8	1時間40分
1966. 8. 1＊	青森・東奥館	保健婦	4	不明
8. 2	十和田観光ホテル	農村青年代表	16	不明
8. 6	湯郷温泉・湯郷観光ホテル	勤労青年代表	10	1時間30分
8.10	皆生温泉・東光園	農村青年代表	10	不明
9.19	湯布院青年の家	農村青年代表	10	1時間あまり
1967. 9.16	川口市立グリーンセンター	青年代表	10	1時間50分
10. 9	益田市役所	農漁村青年代表	9	1時間20分
1968. 3.28＊	名古屋国際ホテル	大学の同級生	6	45分
4. 9※	奄美観光ホテル	男性代表	8	不明
＊	同	女性代表	5	不明
7.24	岡山・ホテル後楽	漁業者代表	12	不明
7.26＊	呉市役所	広島県下の島で働く女性	7	1時間30分
8. 2	国立磐梯青年の家	辺地勤務者	6	1時間
8. 3	福島県農業試験場	農村青年代表	10	不明
8. 8	神戸・六甲オリエンタルホテル	青少年団体リーダー	8	不明
9. 4	福井市文化会館	青年代表	10	不明
9. 6	上中町社会福祉センター	辺地勤務者	5	1時間近く
1969. 8. 3	太田市民会館	青年代表	8	不明
8.25	中部電力天竜峡営業所	農村青年代表	6	50分
9. 6	佐世保・弓張観光ホ	離島青年代表	13	1時間40分

	テル			
9. 9	諫早市役所	農村青年代表	8	1時間50分
1970. 1.24	浅間温泉・東山観光ホテル	青年男女代表	6	1時間40分
9. 6	釜石市楽山荘(三笠宮寛仁も)	漁村青年代表	6	不明
9. 7	釜石市橋野小中学校	農村青年代表	8	2時間
10.22	厳美渓温泉・いつくし園	農村青年代表	8	1時間35分
10.26	アキタニューグランドホテル	学校保健関係者	7	1時間10分
1971. 2. 7	北海道庁	辺地勤務者	7	不明
2. 8	札幌グランドホテル	道内各界代表	6	不明
8. 1	鳴門市役所	青年代表	8	不明
8. 2	阿波観光ホテル	辺地勤務者	7	不明
9. 6	和歌山県立農業大学校	農村青年代表	8	不明
1972. 8. 1	上山温泉・村尾旅館	青年代表	8	2時間近く
8. 2	瀬見温泉・鶴松館	辺地勤務者	7	2時間30分
9.13	徳之島町役場分室	農村青年代表	6	1時間
9.14	徳之島・東亜観光ホテル	離島勤務者	7	1時間30分
10.19	秋保温泉・秋保国際ホテル	社会福祉関係者	6	1時間30分
11.13	種子島観光ホテル	離島勤務者	7	不明
1973. 8. 2	榊原温泉・白雲荘	青年代表	6	1時間50分
1974. 7.17	松山市民会館	社会福祉関係者	6	1時間近く
7.19	愛媛県庁	青年社会建設隊代表	8	1時間
8. 2	西鉄グランドホテル	青年代表	8	1時間30分
9. 8	鹿島セントラルホテル	青年代表	6	不明
11.13	赤羽根農業協同組合	農村青年代表	6	不明
1975. 9.16	桑名市役所	青年代表	5	不明
1976. 2.13*	名鉄トヤマホテル	大学の同級生	9	1時間
2.14	立山国際ホテル	ナチュラリスト,山岳関係者	8	1時間20分

巻末表 4　主な懇談会一覧

5.18	兵庫勤労者いこいの村	青少年団体リーダー	28	1 時間 30 分
7.15	高山・県工芸試験場	伝統工芸後継者	6	1 時間
9.19	唐津シーサイドホテル	農漁村青年代表	8	不明
1977. 7.19	ホテル仙台プラザ	青年代表	6	不明
9. 4	青森市役所	農村青年代表	8	1 時間 20 分
9. 5※	むつ市役所	漁村青年代表	不明	不明
*	同	下北地区保健婦	4	不明

注：※は皇太子単独，＊は皇太子妃単独

巻末表 5　天皇・皇后の平成期の行幸啓

北海道	稚内市，豊富町，札幌市，千歳市，恵庭市，函館市(1989) 奥尻町，瀬棚町(1993) 函館市，北桧山町，瀬棚町，奥尻町，江差町(1999) 千歳市，蛇田町，札幌市，美唄市，滝川市，芦別市，中富良野町，美瑛町，旭川市(2003) 札幌市，北広島市，苫小牧市，日高町，新冠町，新ひだか町，浦河町，様似町，えりも町，大樹町，更別村(2006) 千歳市，苫小牧市，安平町，栗山町，長沼町(2007) 千歳市，北広島市，札幌市，利尻町，利尻富士町，厚真町(2018)
青森県	青森市，三沢市，六戸町，三厩村(1990) 八戸市，青森市，田舎館村，黒石市(2014)
岩手県	盛岡市，宮古市，大槌町，釜石市，遠野市(1997) 花巻市，釜石市，宮古市(2011) 遠野市，住田町，大船渡市，陸前高田市，一関市(2013) 一関市(2014) 花巻市，遠野市，釜石市，大槌町，山田町，北上市，盛岡市(2016)
宮城県	仙台市，利府町，松島町，石巻市，南郷町(1992) 白石市，蔵王町，仙台市，大和町，古川市(1997) 仙台市，名取市，多賀城市，利府町，登米町，築館町(2001) 東松島市，南三陸町，仙台市(2011) 仙台市(2012) 栗原市，登米市，南三陸町，気仙沼市(2014) 名取市，岩沼市，仙台市，東松島市，石巻市，利府町，蔵王町，白石市，川崎町(2015) 仙台市，利府町，石巻市，女川町(2016)
秋田県	秋田市，協和町，横手市(1997) 大仙市，秋田市，三種町(2007) 北秋田市，大館市，小坂町(2008)
山形県	山形市，天童市，村山市(1992) 山形市，天童市，金山町，最上町，新庄市，酒田市，鶴岡市

巻末表5　天皇・皇后の平成期の行幸啓

	(2002) 東根市，河北町(2015) 酒田市，鶴岡市(2016)
福島県	福島市，須賀川市，郡山市(1995) 白河市，西郷村，いわき市，広野町，楢葉町，相馬市，浪江町(1999) 須賀川市，玉川村，福島市，相馬市(2011) 川内村，田村市，郡山市(2012) 福島市，川俣町，飯舘村(2013) 福島市，桑折町(2015) 郡山市，三春町(2016) 郡山市，小野町，いわき市，広野町，南相馬市，相馬市，伊達市，福島市(2018)
茨城県	神栖町，鹿島町(1992) 水戸市，笠間市，つくば市，阿見町，岩井市(2000) 鹿嶋市，神栖町，潮来市，麻生町，土浦市，かすみがうら市(2005) つくば市(2008, 09, 10) 北茨城市(2011) つくばみらい市，常総市(2015) 結城市(2016) 土浦市，つくば市，つくばみらい市(2017)
栃木県	那須町(那須御用邸) 宇都宮市，鹿沼市(1995) 宇都宮市，高根沢町，日光市，益子町，小山市，足利市(1996) 大田原市(1998) 黒磯市(1999, 2001, 04) 湯津上村(2000) 日光市(2001) 塩原町，宇都宮市，高根沢町(2002) 西那須野町(2003) 下野市(2007) 那須塩原市(2009, 13) 栃木市，佐野市，日光市(2014)

	那珂川町(2016)
群馬県	群馬町，前橋市，高崎市，沼田市，水上町，川場村(1998) 桐生市，太田市，前橋市(1999) 草津町(2003) 前橋市，高崎市(2004) 大泉町，太田市，館林市，下仁田町，草津町(2008) 草津町，六合村，中之条町(2010) 富岡市，草津町，中之条町，みなかみ町(2011) 草津町(2012) 嬬恋村，草津町(2013, 15, 16, 17, 18) 桐生市(2014)
埼玉県	秩父市，小鹿野町，長瀞町，伊奈町，大宮市，岩槻市，蓮田市(1993) 大宮市(1995) 所沢市(1999) 本庄市，東松山市，江南町，熊谷市，滑川町，深谷市(2004) 川越市(2007) 新座市，所沢市(2009) 戸田市，さいたま市(2010) 加須市(2011) 深谷市，小川町(2014) 所沢市，日高市，飯能市，深谷市(2017)
千葉県	千葉市，勝浦市，佐原市(1992) 佐倉市(1993) 柏市(1999) 千葉市，木更津市，八街市，九十九里町(2003) 習志野市(2006) 千葉市，長生村，白子町，勝浦市，鴨川市，南房総市，館山市(2010) 旭市，東金市(2011) 千葉市，佐倉市(2015)
東京都	全特別区 八王子市(武蔵陵墓地) 調布市(1993)

巻末表5　天皇・皇后の平成期の行幸啓

	硫黄島，父島村，母島村，府中市(1994) 小金井市，青梅市，檜原村(1996) 調布市，新島村，神津島村，三宅村，稲城市(2001) 青梅市，立川市，保谷市(2002) 府中市(2005) 三宅村，東村山市，立川市，昭島市(2006) 日の出町，あきる野市(2012) 町田市，羽村市，武蔵村山市，瑞穂町，日野市，立川市(2013) 大島町(2014) 福生市，小金井市(2016) 昭島市，三鷹市，武蔵野市(2017) 八王子市(2019)
神奈川県	葉山町(葉山御用邸) 川崎市，横浜市，秦野市，平塚市(1992) 横浜市，大和市，小田原市，厚木市(1998) 横須賀市(2000, 19) 鎌倉市，藤沢市，横須賀市，川崎市(2001) 厚木市(2002) 横浜市(2004, 05, 08, 09, 11, 15, 17) 真鶴町，中井町，箱根町，南足柄市，秦野市(2010) 三浦市，鎌倉市(2011)
新潟県	新潟市，亀田町，聖籠町，紫雲寺町，長岡市，柏崎市(2003) 新潟市，長岡市，小千谷市，川口町(2004) 新潟市，柏崎市，刈羽村(2007) 新潟市，三条市，長岡市(2008) 新潟市，三条市(2009) 長岡市，小千谷市，見附市(2014)
富山県	富山市，宇奈月町，福岡町，魚津市(2000) 富山市，射水市，滑川市(2015) 高岡市，富山市，魚津市，黒部市，滑川市(2017)
石川県	小松市，根上町，美川町，金沢市，志賀町，能登島町(1991) 金沢市，七尾市，珠洲市，能都町，中島町(1996) 小松市(2009, 18) 野々市市，金沢市，小松市，能美市(2015)

福井県	福井市，金津町，武生市(1991) 福井市，越前町(2009) 福井市，坂井市，あわら市(2018)
山梨県	甲府市，山梨市，中道町，六郷町，河口湖町，上野原町(1996) 河口湖町(1999) 甲府市，竜王町，須玉町，白根町，中富町(2001) 北杜市(2005) 甲府市(2012)
長野県	松本市，山形村，下諏訪町，諏訪市(1992) 長野市，白馬村，山ノ内町(1998) 軽井沢町，小諸市(2003) 南牧村(2005) 軽井沢町(2008, 09, 10, 15, 17, 18) 軽井沢町，東御市(2011) 栄村，軽井沢町(2012) 千曲市，長野市，麻績村，松本市，東御市(2013) 中野市，長野市，信濃町，上田市，軽井沢町，飯田市，阿智村(2016)
岐阜県	高山市，岐阜市，神戸町(1991) 岐阜市(1997) 飛騨市(2004) 下呂市，岐阜市(2006) 岐阜市，関市，美濃市，各務原市，土岐市(2010) 岐阜市，岐南町，羽島市，大垣市(2012) 恵那市(2016)
静岡県	静岡市，菊川町，浜岡町，浜松市，沼津市，下田市(1994) 天城湯ヶ島町(1996) 下田市，賀茂村，西伊豆町，天城湯ヶ島町，大仁町，三島市，沼津市(1999) 静岡市，焼津市，藤枝市，由比町，富士市(2001) 浜松市，袋井市，大東町(2003) 伊東市，下田市，御殿場市，三島市(2010) 東伊豆町，下田市(2013) 南伊豆町，静岡市(2017)

巻末表5　天皇・皇后の平成期の行幸啓

	掛川市，袋井市，浜松市(2018)
愛知県	名古屋市，東郷町，南知多町(1991) 名古屋市，刈谷市，西尾市(1994) 長久手町，名古屋市，瀬戸市(2005) 名古屋市，大府市，東浦町，半田市，常滑市(2010) 名古屋市(2014) 名古屋市，豊田市(2015) 犬山市，小牧市(2016)
三重県	伊勢市(1990, 94) 津市，鳥羽市，伊勢市，玉城町，阿児町(2001) 伊勢市，明和町(2014) 伊勢市，志摩市(2019)
滋賀県	米原町，彦根市，安土町，草津市(1994) 大津市，草津市，甲賀市(2007)
京都府	京都市(1990, 94, 99, 2002, 04, 05, 08, 09, 12, 16) 宇治市，精華町，亀岡市，園部町，日吉町(1991) 京都市，八幡市(1997) 京都市，舞鶴市，宮津市，弥栄町，網野町，大江町(2000) 京都市，宇治市，長岡京市，向日市(2010) 京都市，大山崎町(2013) 京都市(2019)
大阪府	大阪市，和泉市(1990) 大阪市，箕面市，河南町，和泉市，貝塚市(1997) 堺市，大阪市(1999) 大阪市，八尾市，堺市(2005) 大阪市，羽曳野市(2007) 大阪市，東大阪市(2009) 豊中市(2010) 大阪市，豊中市(2013)
兵庫県	浜坂町，温泉町，村岡町，八鹿町，和田山町，山東町(1994) 西宮市，芦屋市，神戸市，北淡町(1995) 神戸市，芦屋市，西宮市，東浦町，北淡町(2001) 神戸市，伊丹市，西宮市(2005)

	三木市，神戸市，尼崎市(2006) 神戸市(2015)
奈良県	橿原市(1990) 奈良市，斑鳩町，明日香村，橿原市(2001) 奈良市(2008) 奈良市，宇陀市，桜井市(2010) 明日香村，橿原市，大淀町，川上村，桜井市，天理市，奈良市(2014) 橿原市，明日香村，桜井市(2016) 橿原市(2019)
和歌山県	和歌山市，広川町，田辺市(1997) 白浜町，みなべ町，田辺市(2011) 白浜町，田辺市，みなべ町，湯浅町，和歌山市，広川町(2015)
鳥取県	鳥取市，福部村(1994) 鳥取市，倉吉市，湯梨浜町(2011) 米子市，伯耆町，南部町，大山町，境港市(2013)
島根県	益田市，浜田市，金城町，旭町(1994) 斐川町，大社町，平田市，松江市，鹿島町，浜田市，津和野町(2003)
岡山県	岡山市，備前市，和気町，倉敷市，井原市，矢掛町(2000) 岡山市，瀬戸内市(2005) 倉敷市，岡山市(2018)
広島県	広島市，安浦町，川尻町，呉市(1989) 広島市(1994) 広島市，本郷町，御調町，福山市(1995) 広島市，廿日市市，東広島市(1996) 広島市，三原市(2014) 呉市(2018)
山口県	萩市，長門市，小郡町，宇部市(1994) 山口市，宇部市(2011) 宇部市，山口市，山陽小野田市，下関市(2012)
徳島県	徳島市，板野町，神山町(1989)

	徳島市，鳴門市，石井町(1993) 徳島市，鳴門市，藍住町，上板町(1998)
香川県	高松市，牟礼町，池田町，土庄町，東かがわ市(2004)
愛媛県	松山市，伊予市，川之江市(1993) 松山市，砥部町(2017) 西予市，松山市(2018)
高知県	南国市，高知市(1993) 高知市，春野町，土佐山田町，野市町(2002) 香美市，高知市，土佐市(2018)
福岡県	福岡市，筑紫野市，北九州市，飯塚市，穂波町(1990) 夜須町，甘木市，八女市，大川市(1992) 福岡市，玄界島，太宰府市(2007) 福岡市，朝倉市，北九州市(2017)
佐賀県	佐賀市，多久市，山内町，神埼町，三田川村，東脊振村(1992) 佐賀市，東与賀町，唐津市(2006)
長崎県	長崎市，諫早市，国見町，美津島町(1990) 島原市，布津町，深江町(1991) 長崎市，島原市，深江町(1995) 大村市，佐世保市，吉井町，生月町，平戸市，福江市(2002) 長崎市，諫早市，大村市(2014)
熊本県	熊本市，城南町，玉名市，鹿本町(1999) 合志市，熊本市，水俣市，益城町(2013) 益城町，南阿蘇村(2016)
大分県	日出町，大分市，野津原町，大野町，別府市(2000) 日出町，大分市，九重町，別府市(2008) 国東市，日出町，大分市，別府市(2015) 日田市(2017)
宮崎県	宮崎市，日南市，串間市(1995) 宮崎市，西都市，佐土原町，綾町(2004)
鹿児島県	鹿児島市，蒲生町，始良町，名瀬市(2003) 霧島市，屋久島町，知名町，与論町，和泊町(2017)

沖縄県	糸満市，那覇市，名護市，沖縄市(1993) 糸満市(1995) 糸満市，浦添市，那覇市，城辺町，下地町，平良市，石垣市(2004) 糸満市，那覇市，恩納村，久米島町(2012) 糸満市，那覇市(2014) 糸満市，那覇市，与那国町，豊見城市(2018)

巻末地図　昭和期の行啓と平成期の行幸啓

天皇明仁と皇后美智子が皇太子，皇太子妃時代も含めて訪れた地を示したのが以下の地図である．巻末表2と巻末表5をもとに編集部が作成した．市町村名は訪問当時の名称による．

皇太子，皇太子妃時代に初めて訪れた地⇒○

上記のうち，天皇，皇后時代に再び訪れた地⇒●

天皇，皇后時代に初めて訪れた地⇒◎

北海道

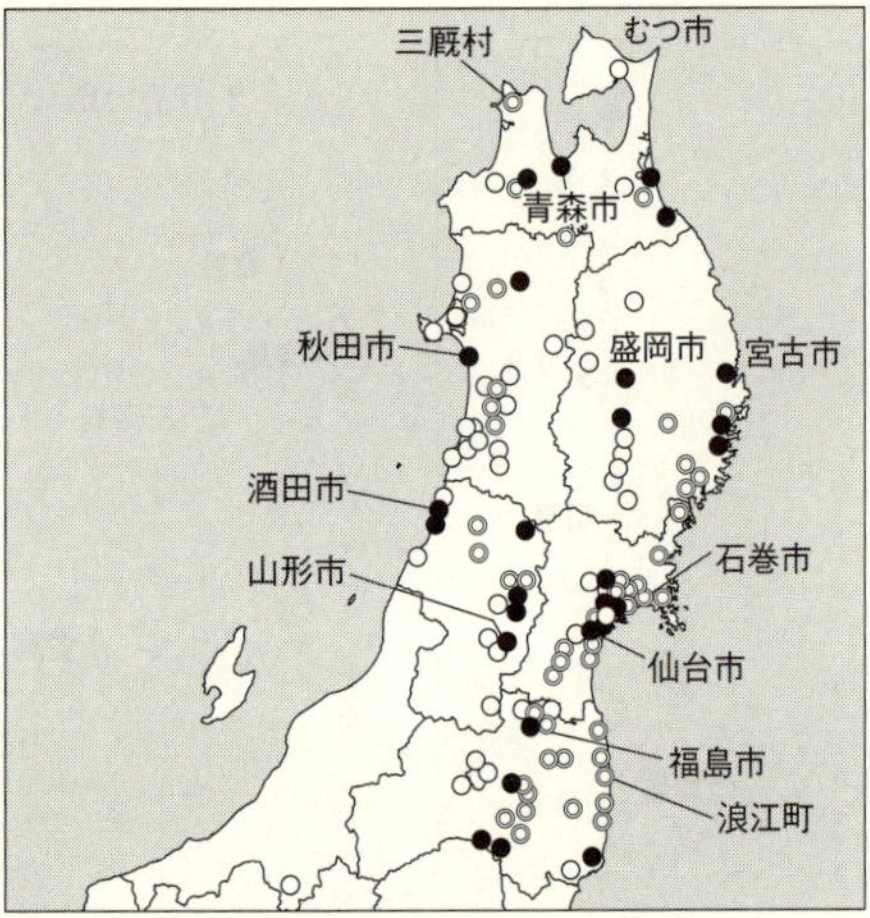

青森，岩手，宮城，秋田，山形，福島

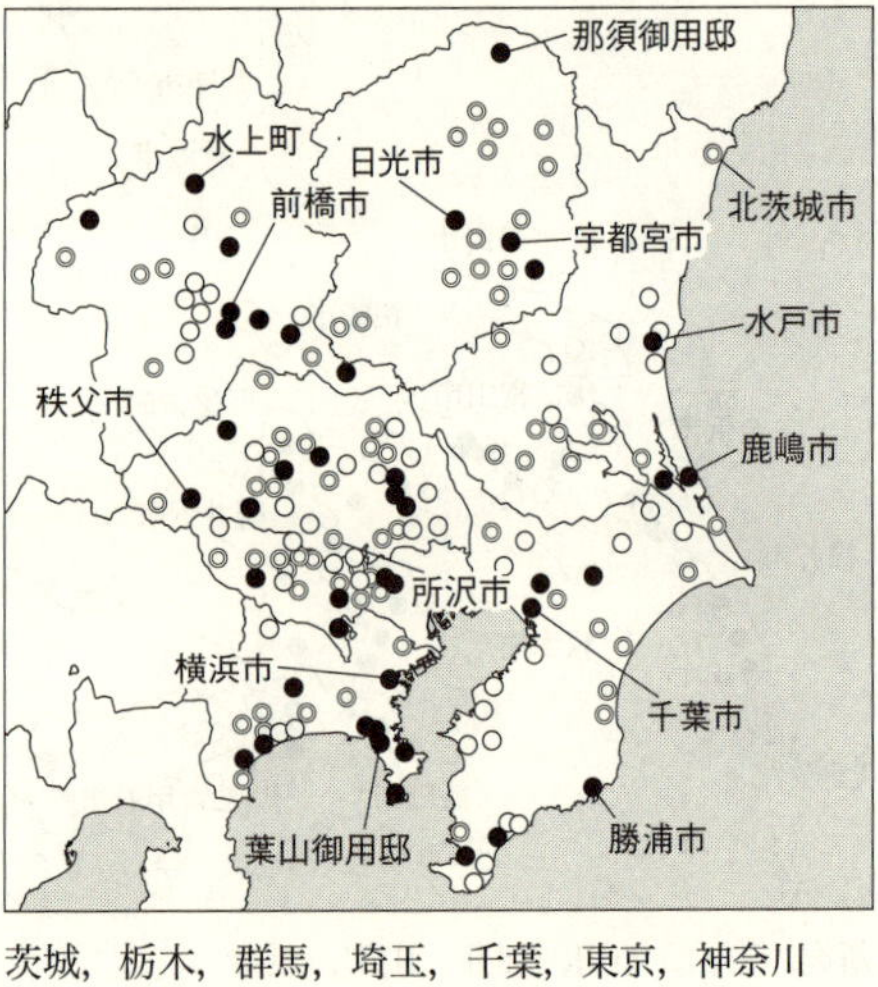

茨城，栃木，群馬，埼玉，千葉，東京，神奈川

巻末地図　昭和期の行啓と平成期の行幸啓

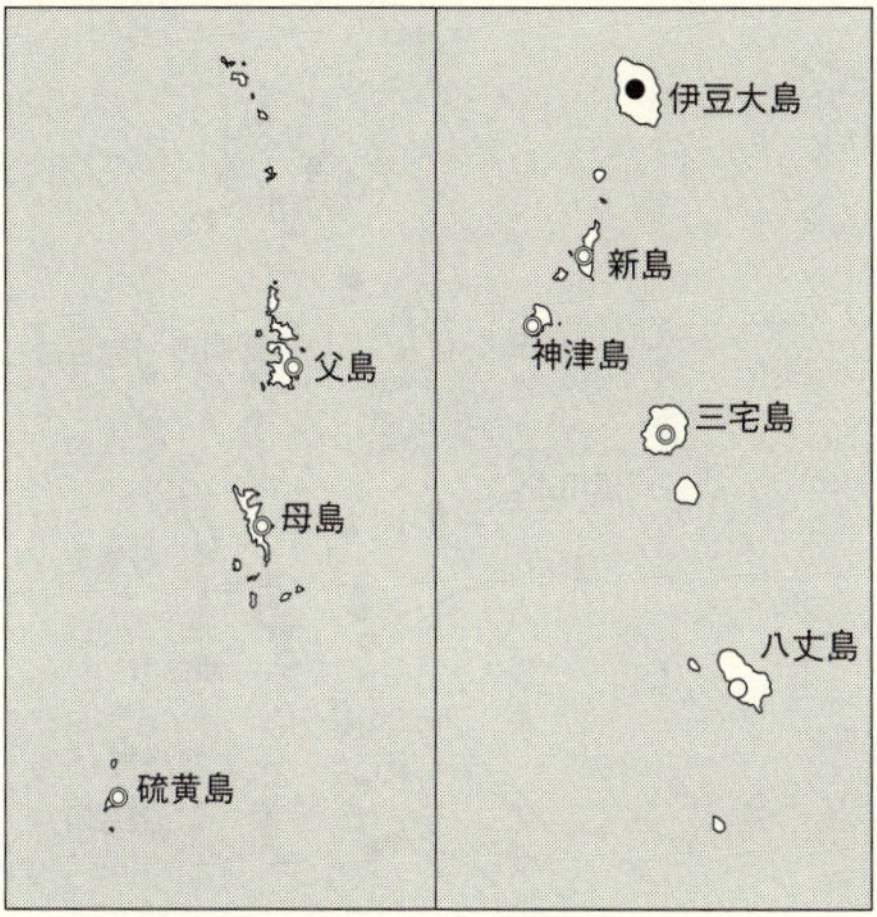

小笠原諸島，伊豆諸島

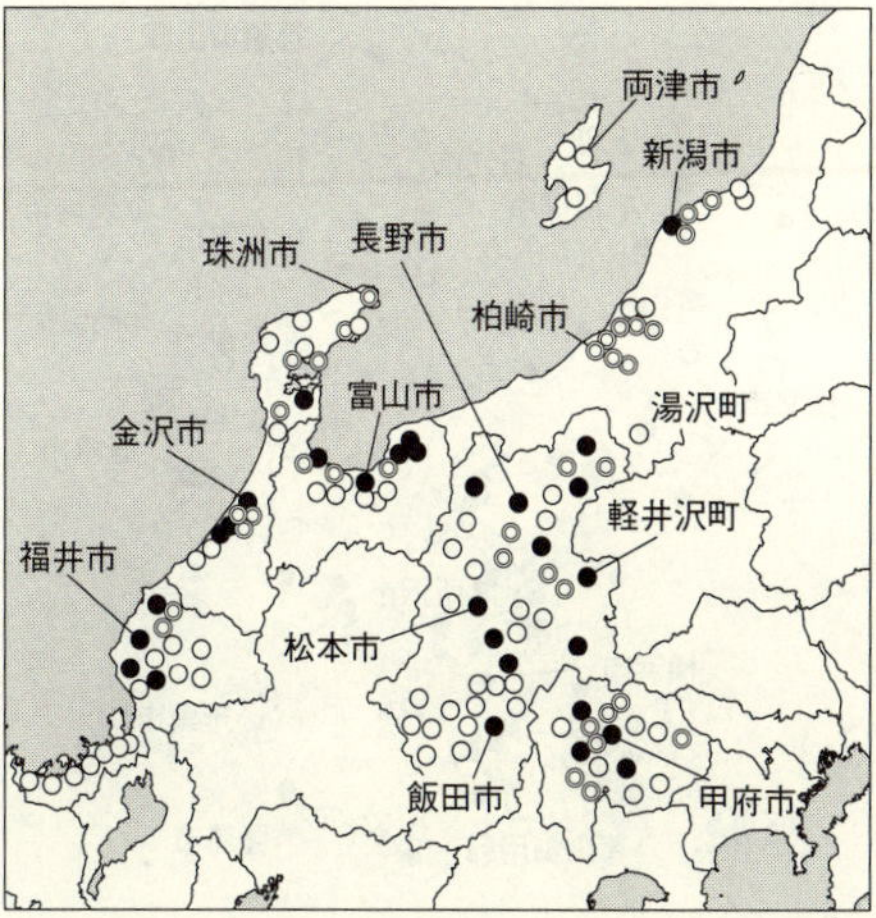

新潟，富山，石川，福井，山梨，長野

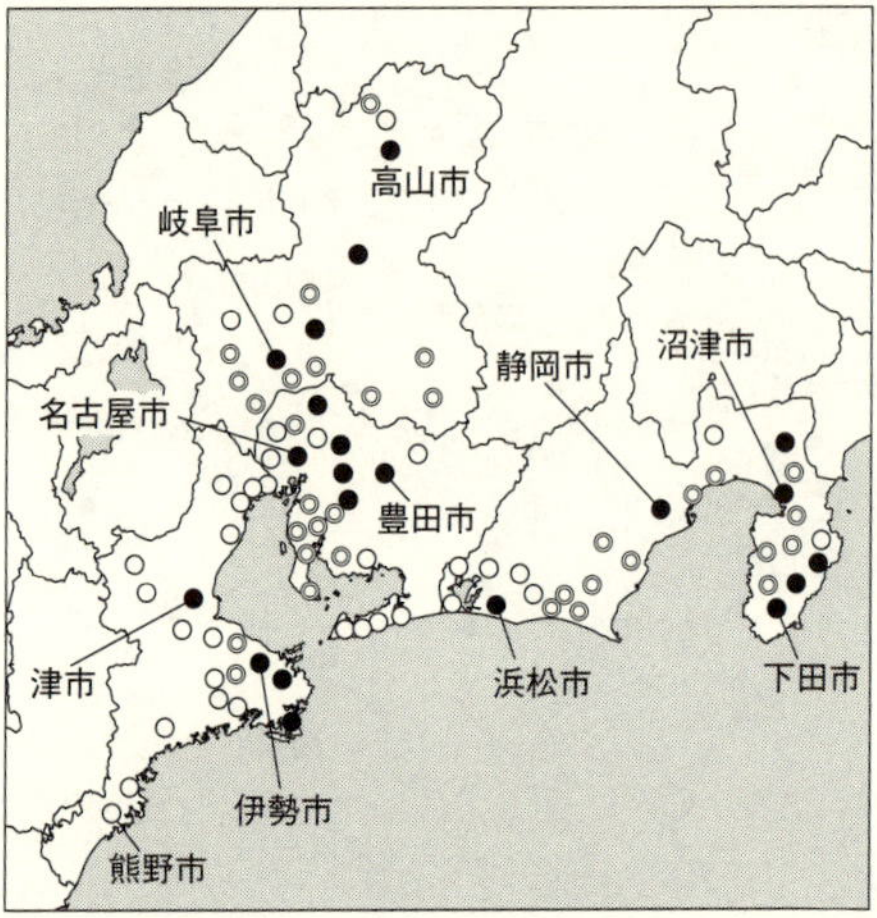

岐阜，静岡，愛知，三重

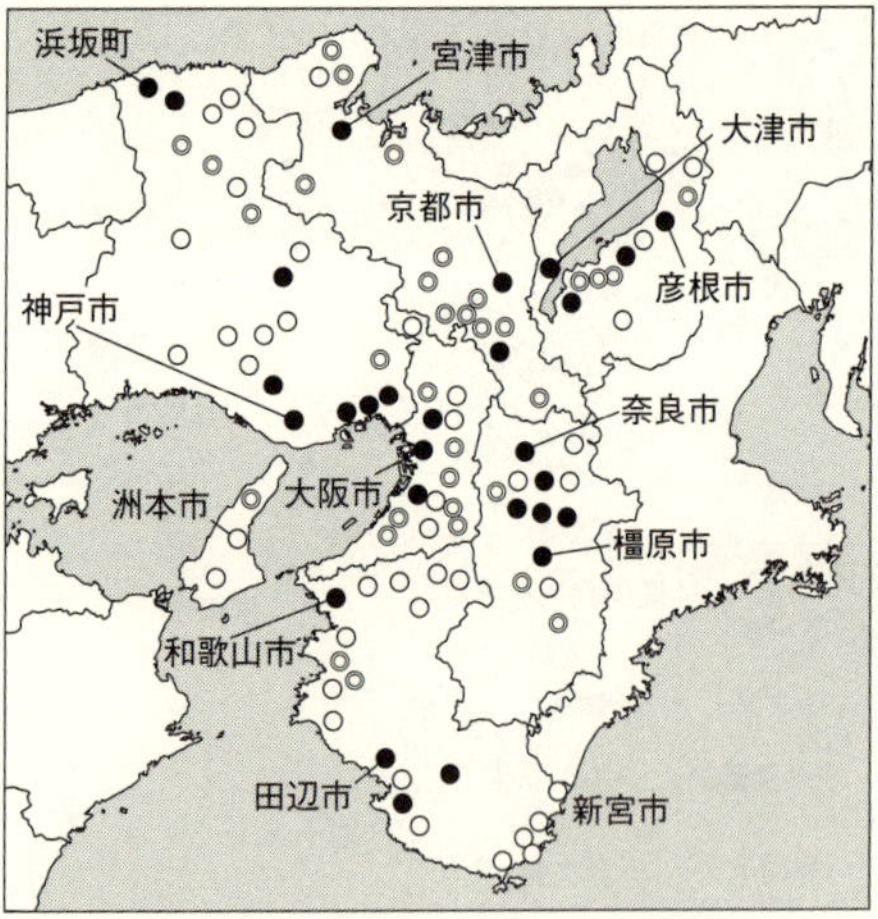

滋賀，京都，大阪，兵庫，奈良，和歌山

巻末地図　昭和期の行啓と平成期の行幸啓

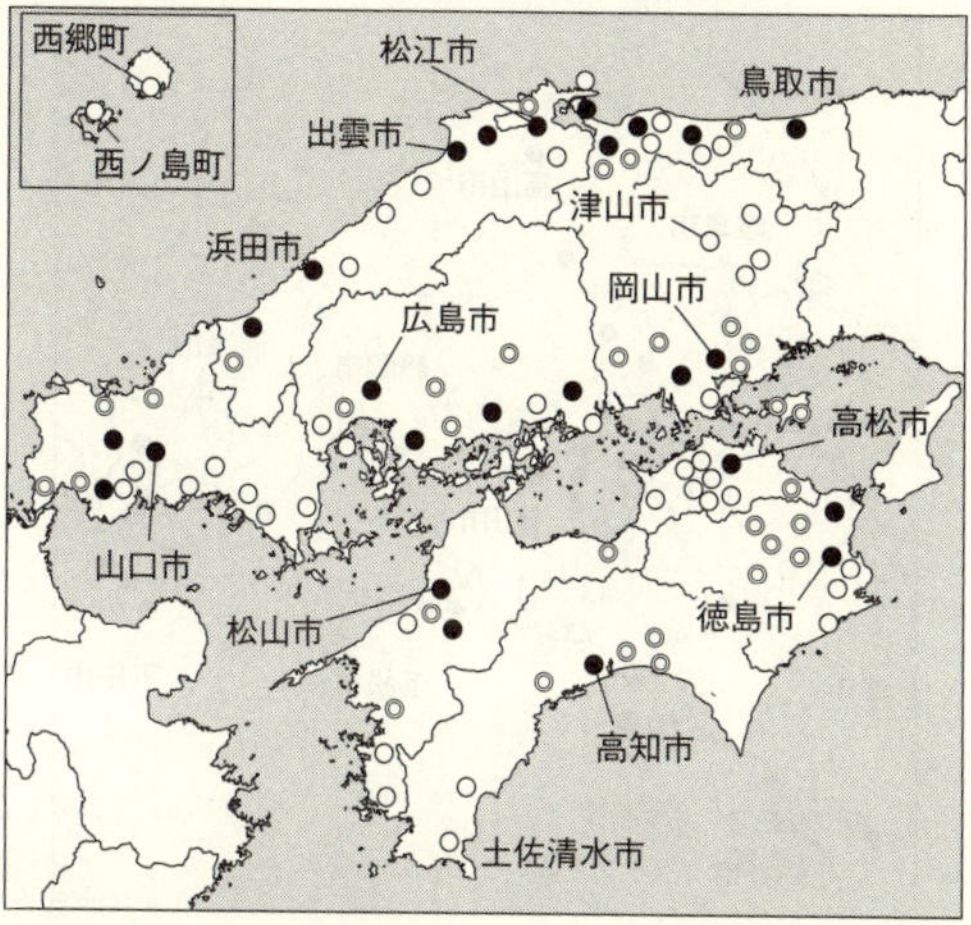

鳥取，島根，岡山，広島，山口，徳島，香川，愛媛，高知

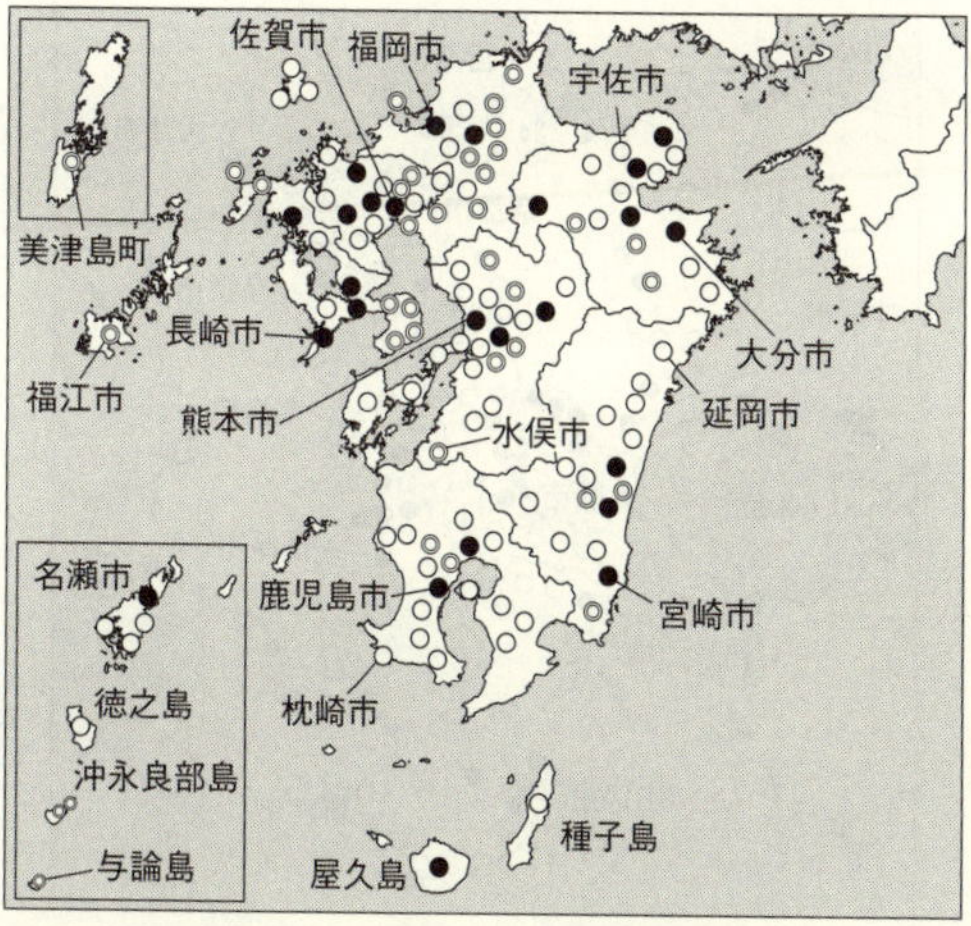

福岡，佐賀，長崎，熊本，大分，宮崎，鹿児島

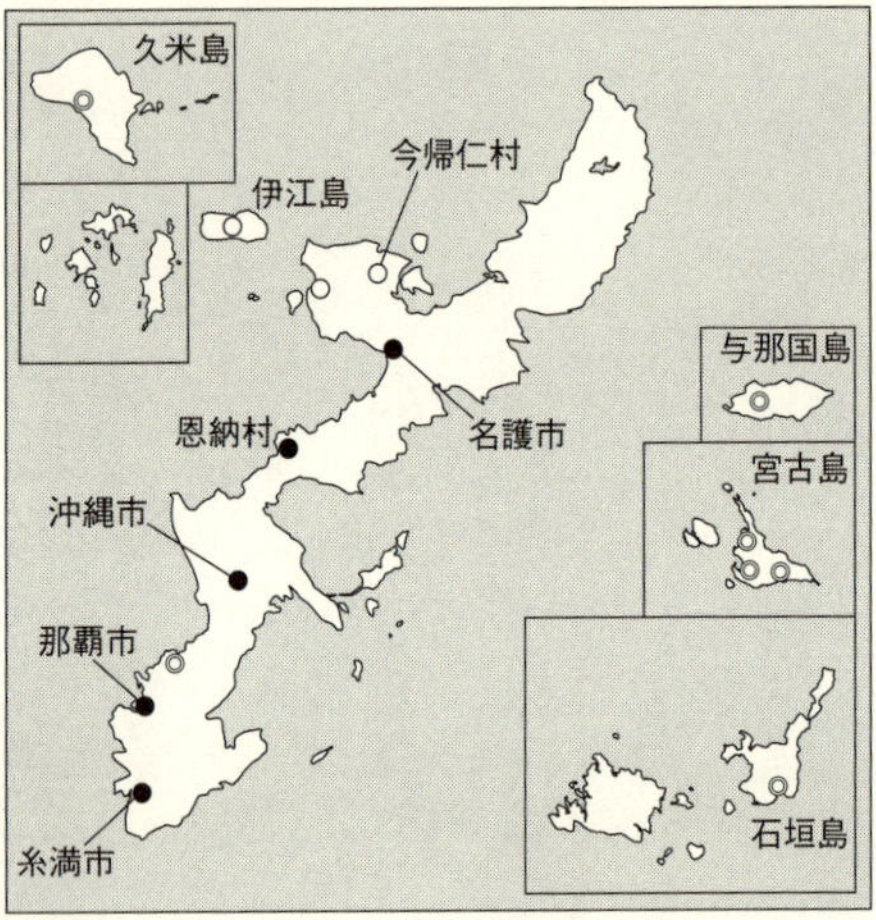

沖縄

原 武史

1962年，東京に生まれる．早稲田大学政治経済学部卒業後，日本経済新聞社に入社．東京社会部記者として昭和天皇の最晩年を取材．東京大学大学院博士課程中退．東京大学社会科学研究所助手，山梨学院大学助教授，明治学院大学教授を経て，現在，放送大学教授．専攻は日本政治思想史．
著書に『昭和天皇』(岩波新書，司馬遼太郎賞受賞)，『「昭和天皇実録」を読む』(岩波新書)，『大正天皇』(朝日文庫，毎日出版文化賞受賞)，『皇后考』(講談社学術文庫)など多数．

平成の終焉 ―退位と天皇・皇后　　岩波新書(新赤版)1763

2019年3月20日　第1刷発行
2019年5月24日　第2刷発行

著　者　原《はら》 武史《たけし》

発行者　岡本 厚

発行所　株式会社 岩波書店
〒101-8002 東京都千代田区一ツ橋2-5-5
案内 03-5210-4000　営業部 03-5210-4111
https://www.iwanami.co.jp/

新書編集部 03-5210-4054
http://www.iwanamishinsho.com/

印刷・三秀舎　カバー・半七印刷　製本・牧製本

ISBN 978-4-00-431763-0　　Printed in Japan

岩波新書新赤版一〇〇〇点に際して

ひとつの時代が終わったと言われて久しい。だが、その先にいかなる時代を展望するのか、私たちはその輪郭すら描きえていない。二〇世紀から持ち越した課題の多くは、未だ解決の緒を見つけることのできないままであり、二一世紀が新たに招きよせた問題も少なくない。グローバル資本主義の浸透、憎悪の連鎖、暴力の応酬——世界は混沌として深い不安の只中にある。

現代社会においては変化が常態となり、速さと新しさに絶対的な価値が与えられた。消費社会の深化と情報技術の革命は、種々の境界を無くし、人々の生活やコミュニケーションの様式を根底から変容させてきた。ライフスタイルは多様化し、一面では個人の生き方をそれぞれが選びとる時代が始まっている。同時に、新たな格差が生まれ、様々な次元での亀裂や分断が深まっている。社会や歴史に対する意識が揺らぎ、普遍的な理念に対する根本的な懐疑や、現実を変えることへの無力感がひそかに根を張りつつある。そして生きることに誰もが困難を覚える時代が到来している。

しかし、日常生活のそれぞれの場で、自由と民主主義を獲得し実践することを通じて、私たち自身がそうした閉塞を乗り超え、希望の時代の幕開けを告げてゆくことは不可能ではあるまい。そのために、いま求められていること——それは、個と個の間で開かれた対話を積み重ねながら、人間らしく生きることの条件について一人ひとりが粘り強く思考することではないか。その営みの糧となるものが、教養に外ならないと私たちは考える。歴史とは何か、よく生きるとはいかなることか、世界そして人間はどこへ向かうべきなのか——こうした根源的な問いとの格闘が、文化と知の厚みを作り出し、個人と社会を支える基盤としての教養となった。まさにそのような教養への道案内こそ、岩波新書が創刊以来、追求してきたことである。

岩波新書は、日中戦争下の一九三八年一一月に赤版として創刊された。創刊の辞は、道義の精神に則らない日本の行動を憂慮し、批判的精神と良心的行動の欠如を戒めつつ、現代人の現代的教養を刊行の目的とする、と謳っている。以後、青版、黄版、新赤版と装いを改めながら、合計二五〇〇点余りを世に問うてきた。そして、いままた新赤版が一〇〇〇点を迎えたのを機に、人間の理性と良心への信頼を再確認し、それに裏打ちされた文化を培っていく決意を込めて、新しい装丁のもとに再出発したいと思う。一冊一冊から吹き出す新風が一人でも多くの読者の許に届くこと、そして希望ある時代への想像力を豊かにかき立てることを切に願う。

（二〇〇六年四月）

政治

日米安保体制史　吉次公介
官僚たちのアベノミクス　軽部謙介
在日米軍 変貌する日米安保体制　梅林宏道
憲法改正とは何だろうか　高見勝利
共生保障〈支え合い〉の戦略　宮本太郎
シルバー・デモクラシー 戦後世代の覚悟と責任　寺島実郎
憲法と政治　青井未帆
18歳からの民主主義　岩波新書編集部編
検証 安倍イズム　柿崎明二
右傾化する日本政治　中野晃一
外交ドキュメント 歴史認識　服部龍二
日米〈核〉同盟 原爆、核の傘、フクシマ　太田昌克
集団的自衛権と安全保障　豊下楢彦・古関彰一
日本は戦争をするのか　半田滋
アジア力の世紀　進藤榮一

民族紛争　月村太郎
自治体のエネルギー戦略　大野輝之
政治的思考　杉田敦
現代日本の政党デモクラシー　中北浩爾
サイバー時代の戦争　谷口長世
現代中国の政治　唐亮
日本の国会　大山礼子
戦後政治史〔第三版〕　石川真澄・山口二郎
〈私〉時代のデモクラシー　宇野重規
大臣〔増補版〕　菅直人
生活保障 排除しない社会へ　宮本太郎
「ふるさと」の発想　西川一誠
「戦地」派遣 変わる自衛隊　半田滋
民族とネイション　塩川伸明
昭和天皇　原武史
集団的自衛権とは何か　豊下楢彦
沖縄密約　西山太吉
ルポ 改憲潮流　斎藤貴男

吉田茂　原彬久
安心のファシズム　斎藤貴男
市民の政治学　篠原一
東京都政　佐々木信夫
有事法制批判　憲法再生フォーラム編
日本政治 再生の条件　山口二郎編著
安保条約の成立　豊下楢彦
岸信介　原彬久
自由主義の再検討　藤原保信
一九六〇年五月一九日　日高六郎編
日本の政治風土　篠原一
近代の政治思想　福田歓一
日本精神と平和国家　矢内原忠雄

岩波新書より

経済

日本の税金〔第3版〕　三木義一
金融政策に未来はあるか　岩村　充
経済数学入門の入門　田中久稔
地元経済を創りなおす　枝廣淳子
会計学の誕生　渡邉　泉
偽りの経済政策　服部茂幸
ミクロ経済学入門の入門　坂井豊貴
経済学のすすめ　佐和隆光
ガルブレイス　伊東光晴
ユーロ危機とギリシャ反乱　田中素香
ポスト資本主義 科学・人間・社会の未来　広井良典
タックス・イーター　志賀　櫻
コーポレート・ガバナンス　花崎正晴
グローバル経済史入門　杉山伸也
新・世界経済入門　西川　潤
金融政策入門　湯本雅士
日本経済図説〔第四版〕　宮崎　勇／本庄　真／田谷禎三

新自由主義の帰結　服部茂幸
タックス・ヘイブン　志賀　櫻
WTO 貿易自由化を超えて　中川淳司
日本財政 転換の指針　井手英策
日本の税金〔新版〕　三木義一
世界経済図説〔第三版〕　宮崎　勇／田谷禎三
成熟社会の経済学　小野善康
平成不況の本質　大瀧雅之
原発のコスト　大島堅一
次世代インターネットの経済学　依田高典
ユーロ 危機の中の統一通貨　田中素香
低炭素経済への道　諸富　徹／浅岡美恵
「分かち合い」の経済学　神野直彦
グリーン資本主義　佐和隆光
消費税をどうするか　小此木潔
国際金融入門〔新版〕　岩田規久男
金融商品とどうつき合うか　新保恵志

金融NPO　藤井良広
地域再生の条件　本間義人
経済データの読み方〔新版〕　鈴木正俊
格差社会 何が問題なのか　橘木俊詔
景気とは何だろうか　山家悠紀夫
環境再生と日本経済　三橋規宏
社会的共通資本　宇沢弘文
景気と国際金融　小野善康
経営革命の構造　米倉誠一郎
ブランド 価値の創造　石井淳蔵
景気と経済政策　小野善康
戦後の日本経済　橋本寿朗
共生の大地 新しい経済がはじまる　内橋克人
シュンペーター　伊東光晴／根井雅弘
経済学の考え方　宇沢弘文
経済学とは何だろうか　佐和隆光
イギリスと日本　森嶋通夫
近代経済学の再検討　宇沢弘文

社会

- サイバーセキュリティ　谷脇康彦
- まちづくり都市 金沢　山出保
- 虚偽自白を読み解く　浜田寿美男
- 総介護社会　小竹雅子
- 戦争体験と経営者　立石泰則
- 住まいで「老活」　安楽玲子
- 現代社会はどこに向かうか　見田宗介
- EVと自動運転 クルマをどう変えるか　鶴原吉郎
- ルポ 保育格差　小林美希
- 津波災害〔増補版〕　河田惠昭
- 棋士とAI　王銘琬
- 原子力規制委員会　新藤宗幸
- 東電原発裁判　添田孝史
- 日本問答　田中優子・松岡正剛
- 日本の無戸籍者　井戸まさえ
- 〈ひとり死〉時代のお葬式とお墓　小谷みどり
- 町を住みこなす　大月敏雄
- 親権と子ども　榊原富士子・池田清貴
- 歩く、見る、聞く 人びとの自然再生　宮内泰介
- 対話する社会へ　暉峻淑子
- 悩みいろいろ　金子勝
- 魚と日本人 食と職の経済学　濱田武士
- ルポ 貧困女子　飯島裕子
- 鳥獣害 動物たちと、どう向きあうか　祖田修
- 科学者と戦争　池内了
- 新しい幸福論　橘木俊詔
- ブラックバイト 学生が危ない　今野晴貴
- 原発プロパガンダ　本間龍
- ルポ 母子避難　吉田千亜
- 日本にとって沖縄とは何か　新崎盛暉
- 日本病 長期衰退のダイナミクス　金子勝・児玉龍彦
- 雇用身分社会　森岡孝二
- 生命保険とのつき合い方　出口治明
- ルポ にっぽんのごみ　杉本裕明
- 鈴木さんにも分かるネットの未来　川上量生
- 地域に希望あり　大江正章
- 世論調査とは何だろうか　岩本裕
- フォト・ストーリー 沖縄の70年　石川文洋
- ルポ 保育崩壊　小林美希
- 多数決を疑う 社会的選択理論とは何か　坂井豊貴
- アホウドリを追った日本人　平岡昭利
- 朝鮮と日本に生きる　金時鐘
- 被災弱者　岡田広行
- 農山村は消滅しない　小田切徳美
- 復興〈災害〉　塩崎賢明
- 「働くこと」を問い直す　山崎憲
- 原発と大津波 警告を葬った人々　添田孝史
- 縮小都市の挑戦　矢作弘
- 福島原発事故 被災者支援政策の欺瞞　日野行介
- 日本の年金　駒村康平

岩波新書より

- 食と農でつなぐ 福島から　塩谷弘康・岩崎由美子
- 過労自殺〔第二版〕　川人博
- 金沢を歩く　山出保
- ドキュメント 豪雨災害　稲泉連
- ひとり親家庭　赤石千衣子
- 女のからだ フェミニズム以後　荻野美穂
- 〈老いがい〉の時代　天野正子
- 子どもの貧困Ⅱ　阿部彩
- 性と法律　角田由紀子
- ヘイト・スピーチとは何か　師岡康子
- 生活保護から考える　稲葉剛
- かつお節と日本人　宮内泰介・藤林泰
- 家事労働ハラスメント　竹信三恵子
- 福島原発事故 県民健康管理調査の闇　日野行介
- 電気料金はなぜ上がるのか　朝日新聞経済部
- おとなが育つ条件　柏木惠子
- 在日外国人〔第三版〕　田中宏
- まち再生の術語集　延藤安弘

- 震災日録 記憶を記録する　森まゆみ
- 原発をつくらせない人びと　山秋真
- 社会人の生き方　暉峻淑子
- 構造災 科学技術社会に潜む危機　松本三和夫
- 家族という意志　芹沢俊介
- ルポ 良心と義務　田中伸尚
- 飯舘村は負けない　千葉悦子・松野光伸
- 夢よりも深い覚醒へ　大澤真幸
- 子どもの声を社会へ　桜井智恵子
- 就職とは何か　森岡孝二
- 日本のデザイン　原研哉
- ポジティヴ・アクション　辻村みよ子
- 脱原子力社会へ　長谷川公一
- 希望は絶望のど真ん中に　むのたけじ
- 福島 原発と人びと　広河隆一
- アスベスト 広がる被害　大島秀利
- 原発を終わらせる　石橋克彦編
- 日本の食糧が危ない　中村靖彦
- 勲章 知られざる素顔　栗原俊雄

- 希望のつくり方　玄田有史
- 生き方の不平等　白波瀬佐和子
- 同性愛と異性愛　風間孝・河口和也
- 贅沢の条件　山田登世子
- 新しい労働社会　濱口桂一郎
- 世代間連帯　上野千鶴子・辻元清美
- 道路をどうするか　五十嵐敬喜・小川明雄
- 子どもの貧困　阿部彩
- 子どもへの性的虐待　森田ゆり
- 戦争絶滅へ、人間復活へ　むのたけじ 聞き手 黒岩比佐子
- テレワーク 「未来型労働」の現実　佐藤彰男
- 反貧困　湯浅誠
- 不可能性の時代　大澤真幸
- 地域の力　大江正章
- グアムと日本人 戦争を埋立てた楽園　山口誠
- 少子社会日本　山田昌弘
- 親米と反米　吉見俊哉
- 「悩み」の正体　香山リカ

岩波新書より

変えてゆく勇気　上川あや
戦争で死ぬ、ということ　島本慈子
社会学入門　見田宗介
冠婚葬祭のひみつ　斎藤美奈子
壊れる男たち　金子雅臣
少年事件に取り組む　藤原正範
いまどきの「常識」　香山リカ
働きすぎの時代　森岡孝二
桜が創った「日本」　佐藤俊樹
生きる意味　上田紀行
ルポ 戦争協力拒否　吉田敏浩
ウォーター・ビジネス　中村靖彦
男女共同参画の時代　鹿嶋敬
当事者主権　中西正司・上野千鶴子
ルポ 解雇　島本慈子
豊かさの条件　暉峻淑子
人生案内　落合恵子
若者の法則　香山リカ
自白の心理学　浜田寿美男

原発事故はなぜくりかえすのか　高木仁三郎
日本の近代化遺産　伊東孝
証言 水俣病　栗原彬編
コンクリートが危ない　小林一輔
東京国税局査察部　立石勝規
ドキュメント 屠場　鎌田慧
能力主義と企業社会　熊沢誠
沖縄 平和の礎　大田昌秀
現代社会の理論　見田宗介
原発事故を問う　七沢潔
災害救援　野田正彰
命こそ宝 沖縄反戦の心　阿波根昌鴻
スパイの世界　中薗英助
都市開発を考える　大野輝之・レイコ・ハベ・エバンス
ディズニーランドという聖地　能登路雅子
原発はなぜ危険か　田中三彦
豊かさとは何か　暉峻淑子
農の情景　杉浦明平

光に向って咲け　粟津キヨ
異邦人は君ヶ代丸に乗って　金賛汀
読書と社会科学　内田義彦
科学文明に未来はあるか　野坂昭如編著
プルトニウムの恐怖　高木仁三郎
社会科学における人間　大塚久雄
沖縄ノート　大江健三郎
地の底の笑い話　上野英信
この世界の片隅で　山代巴編
音から隔てられて　入谷仙介・林瓢介編
ものいわぬ農民　大牟羅良
民話を生む人々　山代巴
死の灰と闘う科学者　三宅泰雄
米軍と農民　阿波根昌鴻
沖縄からの報告　瀬長亀次郎
暗い谷間の労働運動　大河内一男
ユダヤ人　J-P・サルトル　安堂信也訳
社会認識の歩み　内田義彦
社会科学の方法　大塚久雄

日本史